PSYCHODYNAMIK **Kompakt**

Herausgegeben von
Franz Resch und Inge Seiffge-Krenke

Kai Rugenstein

Humor in der psychodynamischen Therapie

Mit 3 Abbildungen

Vandenhoeck & Ruprecht

Bibliografische Information der Deutschen Nationalbibliothek:
Die Deutsche Nationalbibliothek verzeichnet diese Publikation in der
Deutschen Nationalbibliografie; detaillierte bibliografische Daten sind
im Internet über http://dnb.de abrufbar.

© 2018, Vandenhoeck & Ruprecht GmbH & Co. KG,
Theaterstraße 13, D-37073 Göttingen
Alle Rechte vorbehalten. Das Werk und seine Teile sind urheberrechtlich
geschützt. Jede Verwertung in anderen als den gesetzlich zugelassenen Fällen
bedarf der vorherigen schriftlichen Einwilligung des Verlages.

Umschlagabbildung: Paul Klee, Maske der Furcht, 1932/akg-images

Bildnachweis Seite 19 (Abb. 3): Alex Gregory (The New Yorker Collection/
The Cartoon Bank)

Satz: SchwabScantechnik, Göttingen
Druck und Bindung: ⊕ Hubert & Co. BuchPartner, Göttingen
Printed in the EU

Vandenhoeck & Ruprecht Verlage | www.vandenhoeck-ruprecht-verlage.com

ISBN 978-3-525-40643-4

Inhalt

Vorwort zur Reihe 7

Vorwort zum Band 9

1 Einleitung 11
   1.1 Die Pointe der Analyse 11
   1.2 Humor ist keine Olive 14

2 Theorie des Humors 17
   2.1 Historisches: Humor und Heilkunst 17
   2.2 Metapsychologisches I: Freuds Humor 22
   2.3 Metapsychologisches II: Humor nach Freud 29

3 Humor-Diagnostik 32
   3.1 Humor in Beziehung, Konflikt und Struktur 33
   3.2 Humor als Behandlungsziel 37

4 Humor als therapeutische Haltung 38
   4.1 Therapeutische Beziehung: Gleichschwebende
       Schlagfertigkeit 39
   4.2 Beziehung zu sich: Humor und Psychohygiene 48

5 Humor als Methode therapeutischen Handelns 50
   5.1 Nicht über etwas hinweg, sondern auf etwas hinscherzen:
       Humor als Weg zur Einsicht 50
   5.2 Freie Bisoziation: Vom Haha-Effekt zum Aha-Effekt .. 57
   5.3 Therapeutische Techniken: Humor als Intervention .. 64

6 Mit Humor lernen: Psychodynamische Ausbildung
  und Supervision 66

7 Zusammenfassung: Zehn Prinzipien für die Nutzung
  von Humor in der psychodynamischen Therapie 68

Literatur 70

Vorwort zur Reihe

Zielsetzung von PSYCHODYNAMIK KOMPAKT ist es, alle psychotherapeutisch Interessierten, die in verschiedenen Settings mit unterschiedlichen Klientengruppen arbeiten, zu aktuellen und wichtigen Fragestellungen anzusprechen. Die Reihe soll Diskussionsgrundlagen liefern, den Forschungsstand aufarbeiten, Therapieerfahrungen vermitteln und neue Konzepte vorstellen: theoretisch fundiert, kurz, bündig und praxistauglich.

Die Psychoanalyse hat nicht nur historisch beeindruckende Modellvorstellungen für das Verständnis und die psychotherapeutische Behandlung von Patienten hervorgebracht. In den letzten Jahren sind neue Entwicklungen hinzugekommen, die klassische Konzepte erweitern, ergänzen und für den therapeutischen Alltag fruchtbar machen. Psychodynamisch denken und handeln ist mehr und mehr in verschiedensten Berufsfeldern gefordert, nicht nur in den klassischen psychotherapeutischen Angeboten. Mit einer schlanken Handreichung von 70 bis 80 Seiten je Band kann sich der Leser schnell und kompetent zu den unterschiedlichen Themen auf den Stand bringen.

Themenschwerpunkte sind unter anderem:
- *Kernbegriffe und Konzepte* wie zum Beispiel therapeutische Haltung und therapeutische Beziehung, Widerstand und Abwehr, Interventionsformen, Arbeitsbündnis, Übertragung und Gegenübertragung, Trauma, Mitgefühl und Achtsamkeit, Autonomie und Selbstbestimmung, Bindung.
- *Neuere und integrative Konzepte und Behandlungsansätze* wie zum Beispiel Übertragungsfokussierte Psychotherapie, Schematherapie, Mentalisierungsbasierte Therapie, Traumatherapie, internet-

basierte Therapie, Psychotherapie und Pharmakotherapie, Verhaltenstherapie und psychodynamische Ansätze.
- *Störungsbezogene Behandlungsansätze* wie zum Beispiel Dissoziation und Traumatisierung, Persönlichkeitsstörungen, Essstörungen, Borderline-Störungen bei Männern, autistische Störungen, ADHS bei Frauen.
- *Lösungen für Problemsituationen in Behandlungen* wie zum Beispiel bei Beginn und Ende der Therapie, suizidalen Gefährdungen, Schweigen, Verweigern, Agieren, Therapieabbrüchen; Kunst als therapeutisches Medium, Symbolisierung und Kreativität, Umgang mit Grenzen.
- *Arbeitsfelder jenseits klassischer Settings* wie zum Beispiel Supervision, psychodynamische Beratung, Soziale Arbeit, Arbeit mit Geflüchteten und Migranten, Psychotherapie im Alter, die Arbeit mit Angehörigen, Eltern, Familien, Gruppen, Eltern-Säuglings-Kleinkind-Psychotherapie.
- *Berufsbild, Effektivität, Evaluation* wie zum Beispiel zentrale Wirkprinzipien psychodynamischer Therapie, psychotherapeutische Identität, Psychotherapieforschung.

Alle Themen werden von ausgewiesenen Expertinnen und Experten bearbeitet. Die Bände enthalten Fallbeispiele und konkrete Umsetzungen für psychodynamisches Arbeiten. Ziel ist es, auch jenseits des therapeutischen Schulendenkens psychodynamische Konzepte verstehbar zu machen, deren Wirkprinzipien und Praxisfelder aufzuzeigen und damit für alle Therapeutinnen und Therapeuten eine gemeinsame Verständnisgrundlage zu schaffen, die den Dialog befördern kann.

Franz Resch und Inge Seiffge-Krenke

Vorwort zum Band

»Humor ist das Salz, welches in die psychodynamische Suppe hineingehört.« Unter diesem Motto nimmt uns der Autor mit auf einen bilderreichen Streifzug durch das Thema Humor. Es handelt sich um eine Art Entdeckungsreise, die den in der Psychoanalyse – möglicherweise implizit – enthaltenen Humor herauszufinden trachtet. Es geht daher nicht darum, das Thema Humor in eine vergleichsweise humorlose Therapietechnik »hineinzubringen«. Auch wenn schon Freud selbst davon ausging, dass die Absicht des Menschen, glücklich zu werden, nicht im Schöpfungsplan enthalten sei, so explizierte er doch sein Lieblingsmodell des Humors als Galgenhumor. »Humor ist, wenn man trotzdem lacht« (O. J. Bierbaum). Humor gewährt Freiheit nicht vom, sondern im Leiden.

Der Autor verweist in einem historischen Exkurs auf die Ursprünge des Humors als Körpersaft. Diese Sicht blieb von der Antike an als Lehre von den Körpersäften bis in das 17. Jahrhundert konstitutiv. In der Heilkunst war das Ziel ärztlichen Handelns die Regulation der Körpersäfte. Diätetik verstand sich dabei als die Kunst einer angemessenen Lebensweise. Erst allmählich entwickelte sich aus der hippokratischen Humoralpathologie eine Humoralcharakterologie. Vom Humor als physiologischer Basis des Temperaments in unterschiedlichen Mischungsverhältnissen ging man schließlich in einem Bedeutungswandel zum Humor als Persönlichkeitseigenschaft unter anderen über. Nicht der Humor bildet die Basis des Temperaments, sondern das Temperament die Basis des Humors.

Freuds Humorbegriff wird ausführlich erläutert und in seinen unterschiedlichen Facetten und Funktionen verdeutlicht. In Freuds

Metapsychologie erscheint der Humor in vierfacher Perspektive als paradoxe Struktur, als aufdeckende Abwehr, als progressive Regression, als ernstes Spiel und als doppelgesichtiges Über-Ich, welches das Ich durch den Humor zu trösten scheint. Bei Freuds Schülern nahm das Thema Humor in der Auseinandersetzung mit dem Werk des Meisters eine vergleichsweise marginale Position ein. Heinz Kohut ist hervorzuheben, der einen Zusammenhang zwischen Humor und Narzissmus herstellte und klarstellte, dass Humor dem Menschen helfe, »die Erkenntnis seiner Endlichkeit […] zu ertragen«. Heute ist das Thema »Humor Research« im Mainstream der klinisch-therapeutischen Diskussion angekommen.

Unter diagnostischen Aspekten wird in einem eigenen Kapitel der Humor als strukturelles Merkmal untersucht; die Humorpräferenz gibt Aufschluss über mögliche überdauernde Konflikte, Humor stellt aber auch ein Beziehungsangebot dar.

Humor als therapeutische Haltung ist das Thema, wenn dem Modell der väterlichen »Redekur« ein Modell der mütterlichen »Erlebniskur« gegenübergestellt wird. Humor hat psychohygienische Aspekte und kann als Methode des therapeutischen Handelns eingesetzt werden. Klinische Beispiele bereichern diese theoretischen Überlegungen. Der Zusammenhang von Lachen und Erkennen im »Aha-Moment« wird hervorgehoben. Kreativität und Humor sind auch für die psychodynamische Ausbildung und Supervision fruchtbar zu machen. Zehn Prinzipien für die Nutzung von Humor in der psychodynamischen Therapie beschließen mit einem Augenzwinkern dieses durch und durch erkenntnisreiche und humorvolle Buch.

Inge Seiffge-Krenke und Franz Resch

1 Einleitung

1.1 Die Pointe der Analyse

»Komisch.« Das letzte Wort, das Otto Rank auf seinem Sterbebett sagte, lautete: »komisch« (Liebermann, 1997, S. 487). Was bewegte den Pionier der Psychoanalyse dazu, im Rückblick auf ein ereignisreiches Leben und im Angesicht des Todes etwas komisch zu finden? – Noch zu Lebzeiten formulierte Rank den merkwürdigen Leitgedanken, dass die traumatische Ursache für all unser neurotisches Leiden nicht etwa in den überstarken Versagungen oder Befriedigungen liege, welche das Leben für uns bereithalte, sondern vielmehr darin, überhaupt geboren worden zu sein (Rank, 1924). In diesem vergleichsweise fundamental ansetzenden Ätiologiemodell hallt das Echo jener Weisheit nach, welche einst König Midas unter gellendem Lachen durch den trunkenen Waldgott Silen offenbart und uns in Sophokles' später Ödipus-Tragödie überliefert wurde: »Nicht geboren zu sein, das geht / über alles; doch, wenn du lebst, / ist das zweite, so schnell du kannst, / hinzugelangen, woher du kamest« (Soph. Oid. K., 1224 ff.).

Der anthropologische Pessimismus war bekanntermaßen auch Freud nicht fremd. Es gehe darum, neurotisches Elend in gewöhnliches Unglück zu verwandeln, so lautet bereits in den »Studien über Hysterie« die auf den ersten Blick wenig erheiternde Bestimmung der therapeutischen Aufgabe der Psychoanalyse (Freud, 1895d). Später spitzte Freud diesen Gedanken zu der düsteren Pointe zu, »die Absicht, daß der Mensch ›glücklich‹ sei, ist im Plan der ›Schöpfung‹ nicht enthalten« (Freud, 1930a, S. 434). Über »Glück« spricht der aufgeklärte und aufklärende Psychoanalytiker in ironisierenden Anführungszeichen. Führt die Psychoanalyse auf individueller und kulturtheoretischer Ebene zur Einsicht in die Beschränktheit persönlicher oder gar menschlicher Glücksmöglichkeiten, dann scheint sie eine schmerzliche, eine ernste, ja: eine sehr ernste Angelegenheit zu sein. Was bleibt uns angesichts dessen in der Analyse zu lachen?

Freuds Lieblingsmodell des Humors war bezeichnenderweise der Galgenhumor: »Der Spitzbube, der am Montag zur Exekution geführt wird, äußert: ›Na, diese Woche fängt gut an‹« (Freud, 1905c, S. 261). Diese Anekdote bildet für Freud wiederholt das Paradigma, von dem ausgehend er die Psychodynamik des Humors erläutert. Der Spitzbube sieht die Beschränktheit seiner Glücksmöglichkeiten einerseits klar ein, weiß diese dann jedoch andererseits innerhalb der von der äußeren Realität gesteckten Grenzen recht konsequent zu nutzen. Der Humor des Exekutanten gewinnt seine befreiende Wirkung nicht durch die Abwesenheit, sondern gerade im Angesicht von Ernst und Leiden. Er lässt sich auf die Formel bringen: Humor = Leiden + Distanz.

Die von Freud mit dem Beispiel des Galgenhumors gewählte Metaphorik ist wenig subtil: Das Leben ist – Freud fasst diese biologische Tatsache mit dem für seine Verhältnisse eher blumigen Begriff »Nirwanaprinzip« – nichts anderes als ein Weg zum Galgen, ein Weg zur Reduktion der Bedürfnisspannungen auf null (Freud, 1920g, S. 60). Mehr oder weniger geradlinig, mehr oder weniger lang. Der Humor, der diesen Weg zu meistern hilft, scheint darin zu bestehen, angesichts der illusionslosen Einsicht in das »Ziel«, welches am Ende des Weges wartet, nicht zu verzweifeln, sondern den Weg *trotzdem* zu genießen und sich an ihm und seiner Sonderbarkeit erfreuen zu können. »Humor ist, wenn man trotzdem lacht«, so das sprichwörtlich gewordene Motto, welches sein Schöpfer, der Journalist Otto Julius Bierbaum, bezeichnenderweise einem Bändchen mit Reisegeschichten voranstellte (Bierbaum, 1909, Motto, o. S.). Auf das Trotzdem kommt es an. Der Humor, um den es hier gehen soll, der Humor, der in einer spezifisch psychodynamischen Weise therapeutisch wirksam ist, dieser folgt dem subversiven Modell des Trotzdem: Humor ermöglicht dem Subjekt einen Lustgewinn trotz der Ungunst der (äußeren und inneren) Verhältnisse. Er gewährt Freiheit nicht *vom,* sondern *im* Leiden.

Anders als das Lachen-Erzeugende in seiner Gesamtheit zeichnet sich Humor durch eine besondere Beziehung zum Ernst aus, also zu dem, was auf den ersten Blick als sein genaues Gegenteil erscheinen könnte. Die Psychoanalyse und der psychodynamische Therapeut meinen es ebenso ernst wie der Silen und Freud mit ihren Hinweisen auf die beschränkten Glücksmöglichkeiten des Menschen.

Ausgangspunkt sowohl des Humors als auch des therapeutischen Handelns ist der Ernst des Lebens. Diesen Ernst – das, was Money-Kyrle (1968) die »facts of life« nannte – nicht nur leidend zu erdulden, sondern mit Lustgewinn anerkennen zu können, ist ein Ziel, in welchem Humor und psychodynamische Therapeutik in inspirierender Weise übereinkommen.

Ein mehr oder weniger unangenehmer Teil des Lebensernstes besteht darin, dass wir mit unserem Unbewussten leben müssen. Der scheinbar so alltäglichen und selbstverständlichen Erfahrung, dass wir aktiv unser eigenes Leben Gestaltende sind, hält die Lehre vom Unbewussten die Einsicht entgegen, »daß wir […] ›gelebt‹ werden von unbekannten, unbeherrschbaren Mächten« (Freud, 1923b, S. 251). In uns wohnt etwas uns nicht vollends Zugängliches, welches Macht hat über uns bis hinein in unsere Träume, unsere Versprecher, unsere Lieblingswitze und unsere Symptome. Das Unbewusste macht mit uns, dass wir etwas tun, was wir »eigentlich« gar nicht zu wollen meinen. Bollas (1995/2011) sagte, das Unbewusste untergrabe die Arroganz des Bewusstseins, indem es beständig Bananenschalen in den Weg des Ichs werfe. Ein bemerkenswertes Bild: Das Unbewusste macht uns zu Narren unseres eigenen Dramas. Dem therapeutischen Ehrgeiz der Parole »Wo Es war, soll Ich werden« (Freud, 1933a, S. 86) zum Trotz scheint auch die Psychoanalyse keinen sicheren Ausweg aus der für uns reservierten Narrenrolle zu weisen. Freud (1985c, S. 407) nannte dies augenzwinkernd den »scheinbare[n] Witz aller unbewußten Vorgänge«. An der Narrenrolle, die wir in diesem Witz in der Regel unfreiwillig spielen, können wir leiden. Zum Beispiel, weil wir lieber Könige wären als Narren (obgleich Ödipus uns lehrt, dass auch Könige sich schnell als Narren entpuppen können). Oder wir können auf unseren mit Bananenschalen gepflasterten Weg zurückblicken und mit einem Lächeln sagen: »Komisch.«

1.2 Humor ist keine Olive

Soll vom Humor *in* der Psychoanalyse die Rede sein, so ist zu fragen, um welche Art von In-Sein es sich bei der in den Blick genommenen Relation handeln könnte: Ist der Humor »in« der Psychoanalyse so wie die Olive im Martini-Cocktail oder doch eher so wie das Haar in der Suppe; so wie eine Nebenfigur in einem Drama oder eher wie die Wärme im Feuer?

Die Olive im Martini ist eine Garnitur, die – anders als der Gin – nicht notwendig dazugehört. Ein Martini ist auch ohne Olive ein Martini, manche würden sogar behaupten: ein besserer. Nichtsdestoweniger ist eine Olive genau wie eine Zitronenzeste eine prinzipiell sehr gut zum Martini passende Garnitur. Es ließen sich auch unpassende Garnituren denken, Ananas zum Beispiel: Man könnte sie zwar einem Martini hinzufügen, aber der Drink würde dann nicht mehr funktionieren. Wenn Humor lediglich eine Garnitur ist, dann müssten wir zunächst fragen, ob er überhaupt eine zur psychodynamischen Therapie passende Garnitur darstellt.

Das hiermit in den Blick genommene Modell wäre das des therapeutischen Eklektizismus. »In« würde dann bedeuten, es ginge darum, mit dem Humor eine neue, möglicherweise fehlende Zutat nachträglich in die psychodynamische Therapie hineinzubringen und sie damit, so die Zutat sich als passend herausstellt, aufzupeppen oder zu »modernisieren«. Dann ließe sich erläutern, wie sich eine eher unspezifische Art des Humors wie die therapeutische Verwendung von Witzen nicht nur der Verhaltenstherapie (Ventis, 1987; Buchkremer u. Buchkremer, 2016), sondern auch der psychodynamischen Therapie hinzufügen ließe.

Hier wäre aber auch der Ort, an welchem psychodynamische Humorskeptiker zu Wort kommen und vor der Hinzufügung unpassender Zutaten warnen könnten. Solche Humorwarnungen können sich auf eine nicht ohne Weiteres auf Freud zurückführbare Tradition berufen, deren zentrale Argumentationslinie Kubie (1971) in einem Aufsatz mit dem interessanten Titel »The destructive potential of humor in psychotherapy« etablierte. Dieser läuft auf die Feststellung hinaus, dass Humor eine Ananas sei, also einen Platz im Leben, nicht jedoch in der Analyse habe.

Dem Modell »Eklektizismus« entgegen steht das, was ich das Modell »Entdeckungsreise« nennen möchte: Geht es im Eklektizismus darum, Humor in die psychodynamische Therapie *hineinzubringen,* so ginge es der Entdeckungsreise darum, den bereits in der Psychoanalyse – möglicherweise implizit – enthaltenen Humor *herauszufinden* und nach dessen spezifischen Charakteristika zu fragen.

Humor, so die hier eingenommene Perspektive, ist keine Olive. Er ist kein mögliches, aber vielleicht auch überflüssiges Extra, mit welchem man den schmerzlichen Ernst einer genuin psychodynamischen Behandlung wohldosiert garnieren könnte. Humor ist auch keine bloße Nebenfigur, ohne welche das Drama, das die Analyse ist, zwar ein klein wenig einbüßen, aber im Großen und Ganzen ebenfalls funktionieren würde. Nein, Humor ist das Salz, welches in die psychodynamische Suppe hineingehört wie die Wärme ins Feuer oder das gewöhnliche Unglück ins Leben.

Es soll im Folgenden also weniger erörtert werden, welche Arten von Humor der psychodynamischen Therapie in welcher Dosis eklektisch hinzugefügt werden könnten bzw. welche als unpassend hierfür erscheinen. Vielmehr geht es um eine Sensibilisierung für jenen sehr spezifischen Humor, welcher implizit schon immer in der Analyse enthalten und wirksam ist. Dazu werde ich zunächst in einem theoretischen Teil Freuds eigene Überlegungen zum Humor zusammenfassen und diese dabei im weiteren historischen Kontext der Heilkunst situieren. Ausgehend von einer solchen therapeutischen Akzentuierung werde ich daraufhin kurz die Position von Humor innerhalb psychodynamischer Diagnostik umreißen, um dann in den beiden folgenden Teilen zu verdeutlichen, welcher Platz Humor innerhalb der psychodynamischen Behandlungstechnik zukommt. Hierbei werde ich zwischen therapeutischer Haltung und therapeutischem Handeln unterscheiden. Beide Perspektivierungen ermöglichen es, Humor als eine therapeutische Kompetenz in den Blick zu nehmen, um abschließend Konsequenzen für die psychodynamische Therapieausbildung anzudeuten.

2 Theorie des Humors

Die alltagssprachliche Verwendung von »Humor« als relativ undifferenzierter Sammelbegriff für das gesamte Spektrum des Lachen-Erzeugenden verdeckt einen für die Frage nach therapeutischem Humor wichtigen Kontext: Wenn seit einigen Jahren mit steigendem Interesse die Anwendbarkeit von Humor innerhalb der psychologischen Therapeutik »entdeckt« wird (Salameh, 1983; Fry u. Salameh, 1987, 1993; Titze u. Eschenröder, 1998), dann wird nicht etwa ein therapiefremdes Konzept in die Therapeutik eingeführt, sondern vielmehr findet ein ursprünglich heilkundliches Konzept in die Heilkunde zurück (Rugenstein, 2014). Bevor die psychodynamische Humortheorie im Detail dargestellt werden kann, soll kurz auf das medizinische Erbe eingegangen werden, welches Humor implizit in sich trägt.

2.1 Historisches: Humor und Heilkunst

Unsere Gegenwartssprache hat sich eine leise Ahnung der heilkundlichen Wurzeln des Humors bewahrt: Wenn wir von Humor sprechen, meinen wir damit zum einen die »Fähigkeit und Bereitschaft, auf bestimmte Dinge heiter und gelassen zu reagieren« (so das Duden-Universalwörterbuch, 2011, S. 889). Dieses für die alltägliche Verwendung des Wortes maßgebliche Verständnis betont, dass es sich beim Humor um ein psychisches Phänomen, eine Fähigkeit, eine innere Bereitschaft, eine subjektive Haltung handle. Neben dieser geläufigen Bedeutung kennt unsere Sprache zum anderen aber auch noch einen inzwischen veralteten und nur noch selten anzutreffenden physiologisch-materiellen Sinn des Wortes Humor: »Körpersaft« (S. 889). Wir unterscheiden durch die Betonung auf der letzten bzw. der ersten Silbe den lebenserleichternden komischen Humor (Plural: Humore) vom lebenserhaltenden flüssigen Humor (Plural: Humores). [1]Humor und [2]Humor erwecken den Eindruck, als hätten sie nichts miteinander gemeinsam. Dasselbe Wort scheint, in ausgesprochen inkompatible Bezugssysteme eingebettet, auf äußerst disparate Wirklichkeiten zu verweisen. Anders als die in vergleichsweise witzloser Linearität verlaufende Geschichte der Begriffe des Witzes oder des Komischen ist jene des Humors von Brüchen und Diskontinuitäten geprägt.

In der Antike meinte Humor (griech.: *chymós,* daraus abgeschwächt lat.: *ūmor* bzw. *hūmor,* wörtlich: Flüssigkeit, Feuchtigkeit, Nass) zunächst in einer alltagspraktischen Weise allerlei Arten von Flüssigkeiten: den Tau, das Meer, den Speichel, den Wein, ein Süppchen oder Tränen. Eine fachsprachliche Bedeutung gewann »Humor« dann nicht etwa im Umfeld der Erörterungen des Lächerlichen, des Lachens und des Komischen, welche sich seit der Antike innerhalb der abendländischen Geistesgeschichte finden, sondern vielmehr als eine Bezeichnung für die flüssigen Bestandteile des menschlichen Körpers. Humor ist ursprünglich ein Begriff der empirischen Medizin. Wurde in der Antike oder im Mittelalter wissenschaftlich nach Humor gefragt, dann wurde nicht gefragt nach einer philosophischen oder psychologischen Begründung dessen, was den Menschen lachen macht, sondern nach den konstitutiven physiologischen Bestandteilen des Menschen und danach, wie Krankheit und Gesundheit von diesen abhängen. Galt es, sich mit Humor wissenschaftlich auseinanderzusetzen, so erfolgte dies für nahezu zwei Jahrtausende sezierend, diagnostizierend, diätetisch und – therapeutisch.

Die Essenz jener Lehre von den vier Körpersäften, welche bis ins 17. Jahrhundert hinein den Referenzrahmen dafür bildete, was unter Humor zu verstehen sei, findet sich in der auf 400 v. Chr. zu datierenden hippokratischen Schrift »Über die Natur des Menschen«: »Der Körper des Menschen hat in sich Blut und Schleim und gelbe und schwarze Galle, und das ist die Natur seines Körpers, und dadurch hat er Schmerzen und ist gesund« (Hippokr. Nat. Hom. 4 L. VI 40).

Am Beginn der Karriere des wissenschaftlichen Begriffs Humor steht die Überzeugung, der Mensch sei nicht als etwas Festes, sondern als etwas Flüssiges zu verstehen. Ausschlaggebend für Gesundheit und Krankheit des Menschen sei das Mischungsverhältnis (griech.: *krāsis*) der vier Säfte: Gesundheit sei gleichbedeutend mit dem Zustand, in welchem sich alle vier Säfte im Gleichgewicht befinden (Hippokr. Nat. Hom. 3 L. VI 38). Jede Abweichung von dieser Wohlmischung sei als pathologisch und der Therapie bedürftig aufzufassen. Das Ziel ärztlichen Intervenierens war die Regulation der Körpersäfte, wozu vor allem die Diätetik als humoralmedizinische Therapiemethode par excellence zur Verfügung stand. Diätetik wurde dabei in einem umfassenden Sinne verstanden als die – auch, aber nicht nur Ernährung umfassende – Kunst einer angemessenen Lebensweise.

Allmählich entwickelte sich die hippokratische Humoralpathologie dann zu einer Humoralcharakterologie. Ein Vorgang, der erstmals im 12. Jahrhundert in der Lehre von den durch die Säfte bestimmten vier Temperamenten – Sanguiniker, Choleriker, Melancholiker und Phlegmatiker – fassbar wird. *Temperamentum,* die lateinische Übersetzung des griechischen *krāsis,* emanzipiert sich aus dem präskriptiven Kontext von guter und schlechter Mischung und wird zu einem deskriptiven Begriff, welcher menschliches Sosein im Hinblick auf seine humoral bedingte Vielfältigkeit beschreibt.

Abbildung 1: Die vier Temperamente im Profil: Choleriker, Sanguiniker, Phlegmatiker, Melancholiker (aus: Lavater, 1778, S. 350 ff.)

Der Idealtypus der Wohlmischung stellt ein vergleichsweise langweiliges Klischee dar; die Typen der Temperamentenlehre hingegen sind originell und interessant. Teilweise sind sie derart sonderbar und exzentrisch, dass wir ernst gemeinte medizinische Darstellungen der historischen Temperamentenlehre heutzutage eher als Karikaturen empfinden würden (siehe Abbildung 1). In diesem Zusammenhang trat der Humor, das einem jeden Menschen Eigentümliche, aus der Privatheit der ärztlichen Praxis in die Öffentlichkeit des Theaters. Humor war auf einmal nicht mehr behandlungs-, sondern darstellungswürdig, etwa in Form der schrullig-eigentümlichen Charaktere der sogenannten *Comedy of Humours* eines Ben Jonson. Die differenzielle Psychologie der Humoralcharakterologie hatte es auf die Bühne geschafft. Man lachte. Damit war Humor aus dem Begründungszusammenhang der Humoraltheorie herausgetreten und ging erstmals eine Verbindung mit dem Phänomen des Lachens ein. Dies führte dazu, dass Humor dann mit dem 18. Jahrhundert das zu bezeichnen begann, was wir auch heute noch darunter verstehen: eine psychologische Fähigkeit, Komisches wahrzunehmen und hervorzubringen (siehe Abbildung 2).

Anders als beim Witz, der gemacht wird, sprechen wir davon, dass man Humor »hat«. Im Englischen und Französischen kann man in diesem Sinne noch heute sagen, man habe »good/bad humour« bzw. »belle/mauvaise humeur«. Eine Verwendung, die heute im Deutschen unüblich ist, sich aber bis ins 19. Jahrhundert häufig findet (Grimm u. Grimm, 1852 ff./1984, Bd. 10, Sp. 1906). Zum Beispiel kann Freud in den »Studien über Hysterie« seine Patientin Emmy von N. eines Abends noch bei »prächtigem Humor« (Freud, 1895d, S. 125), also gut gelaunt und in heiterer Stimmung, vorfinden. Die Beforschung von Temperament und Stimmung wurde im 20. Jahrhundert in der Persönlichkeitspsychologie weitergetrieben. Bildete Humor innerhalb der hippokratischen Medizin noch die (physiologische) Basis des Temperaments, so kann in der Psychologie des 20. Jahrhunderts, welche Humor – nun verstanden als Zustand und Eigenschaft der Erheiterbarkeit – als eine Persönlichkeitseigenschaft unter anderen untersucht, in einer Umkehrung der tradierten Verhältnisse auf einmal nach der »temperamentelle[n] Basis von Humor« (Ruch, 2016, S. 24) gesucht werden.

Am Ende jenes historischen Prozesses, in welchem der Begriff des Humors von der *humoralen Welt* der physiologischen Säfte in die *humoristische Welt* der psychologischen Haltungen übertritt, findet sich Humor nun nicht mehr als integraler Bestandteil körperlich ausgerichteter Therapeutik, sondern vielmehr im Rahmen jener »Diät der Seele« (Hecker, 1805, S. 551), die wir seit dem Ende des 19. Jahrhunderts Psychotherapie nennen. Der Humor, einst aus der Privatheit des ärztlichen Behandlungszimmers auf die Öffentlichkeit der Bühne gezerrt, scheint nach einem verwickelten Umweg wieder in ein Behandlungszimmer zurückzukehren.

Bemerkenswert im psychoanalytischen Kontext ist, dass nicht nur die Geschichte des Begriffs »Humors«, sondern auch der wissenschaftliche Weg Sigmund Freuds von der Physiologie in die Psy-

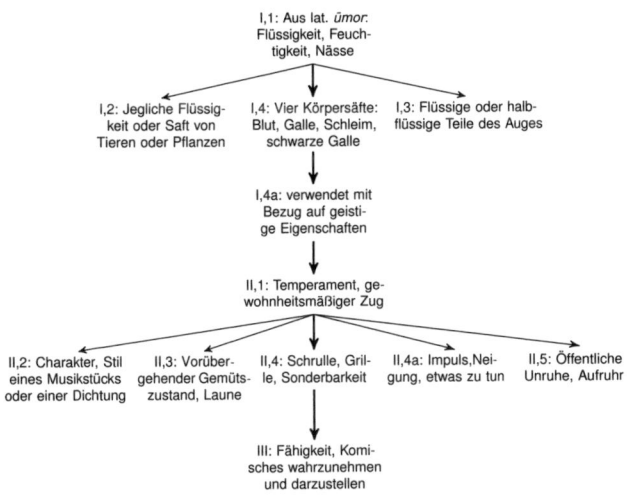

Abbildung 2: Stammbaum des Wortes »Humor« (nach Schütz, 1957, S. 136)

chologie führte (Bernfeld, 1981). Eine wichtige Station dieses Weges war für Freud Paris und die Begegnung mit Jean-Martin Charcot. Dieser hatte in der Salpêtrière unter der Überschrift »Hysterie« eine »Wildnis von Lähmungen, Zuckungen und Krämpfen« (Freud, 1893f, S. 22), kurz: ein Kabinett von Sonderbarkeiten und Exzentrizitäten, versammelt. Die Gabe Charcots, von welcher der junge Freud nachhaltig beeindruckt war, bestand offenbar darin, die Sonderbarkeit seiner Patientinnen und Patienten, also ihren Humor im Sinne von II,4 in Abbildung 2, nicht lächerlich zu finden, sondern ernst zu nehmen und sich ihm neugierig zuzuwenden. Diese auch von ihm kultivierte Bereitschaft führte beim Vater der Psychoanalyse später dazu, dass er auf eine der sonderbaren Launen seiner Patientin Emmy von N. einging und deren mürrische Aufforderung, Freud »solle nicht immer fragen, woher das und jenes komme, sondern sie erzählen lassen, was sie […] zu sagen habe« (Freud, 1895d, S. 116), überaus ernst nahm. So entdeckte er die genuin psychoanalytische Methode, die freie Assoziation.

2.2 Metapsychologisches I: Freuds Humor

Freud schätzte Humor als »eine der höchsten psychischen Leistungen« (Freud, 1905c, S. 260). Der Schriftsteller Freud verwendete Humor gern als Stilmittel, und der Forscher Freud machte ihn zum Untersuchungsgegenstand von zweien seiner Schriften: In seinem 1905 erschienenen Buch »Der Witz und seine Beziehung zum Unbewußten« wendet Freud seine am Paradigma des Witzes und des Komischen gewonnenen Erkenntnisse vergleichsweise formelhaft auf den Humor an, um sich dann 1927 in dem kleinen Aufsatz »Der Humor« des Themas erneut anzunehmen. Freud selbst präsentiert den Humoraufsatz dabei als eine späte Ergänzung zur Witzschrift, welche die dort vorwiegend unter ökonomischem Gesichtspunkt angestellten Überlegungen um eine dynamische Komponente erweitert. Das Witzbuch steht in der Tradition von Freuds »Psychopathologie des Alltagslebens«; der Humoraufsatz ist im Kontext von Freuds Schriften zu Literatur und Kunst situiert.

Ausgangspunkt von Freuds Überlegungen ist in beiden Schriften die bereits in der Einleitung zitierte Anekdote vom Delinquenten, der am Montag zum Galgen geführt wird und dabei äußert: »Na, diese Woche fängt gut an« (Freud, 1905c, S. 261). Freud sah in dieser Anekdote zwar lediglich ein »gröbste[s] Beispiel« für seine Vorstellung von Humor, aber hielt sie offensichtlich zu Demonstrationszwecken doch für so gut geeignet, dass er sie auch mehr als zwei Jahrzehnte nach Erscheinen der Witzschrift unverändert beibehielt (Freud, 1927d, S. 383). Nehmen wir den Humor von Freuds Delinquentenbeispiel ernst und reformulieren es mit Blick auf einen therapeutischen Bezug, dann geht es um das Verhältnis des existenziellen Spitzbuben – des ödipalen und somit »schuldigen Menschen« (Kohut, 1979, S. 120) – zu Tod, Endlichkeit und Begrenztheit.

Neben diesem wichtigen Bezug zum leidvollen Lebensernst erscheint Humor in Freuds Metapsychologie unter vierfacher Perspektive als eine paradoxe Struktur: als aufdeckende Abwehr, als progressive Regression, als ernstes Spiel und mit Blick auf das Wirken eines doppelgesichtigen Über-Ichs.

Aufdeckende Abwehr

Die psychodynamische Pointe des Freud'schen Witzbuches besteht darin, die Beziehung zwischen Humor und Unbewusstem derart zu verstehen, dass Humor im Lichte eines Abwehrvorganges in den Blick kommen kann. In »Massenpsychologie und Ich-Analyse« formuliert Freud den Zusammenhang von Humor und Abwehr nochmals klarer:

»Im Laufe unserer Entwicklung haben wir eine Sonderung unseres seelischen Bestandes in ein kohärentes Ich und ein außerhalb dessen gelassenes Verdrängtes vorgenommen, und wir wissen, daß die Stabilität dieser Neuerwerbung beständigen Erschütterungen ausgesetzt ist. Im Traum und in der Neurose pocht dieses Ausgeschlossene um Einlass an den von Widerständen bewachten Pforten, und in wacher Gesundheit bedienen wir uns besonderer Kunstgriffe, um das Verdrängte mit Umgehung der Widerstände und unter Lustgewinn zeitweilig in unser Ich aufzunehmen. Witz und Humor, zum Teil auch das Komische überhaupt, dürfen in diesem Licht betrachtet werden« (Freud, 1921c, S. 146).

Freud relativiert hier die in der Witzschrift noch vorgeschlagene etwas schematische Trennung in der Ökonomie von Witz (ersparter Hemmungsaufwand), Komik (ersparter Besetzungsaufwand) und Humor (ersparter Gefühlsaufwand) und versteht alle drei als Weisen der lustvollen Wiederaufnahme des vom Bewusstsein Ausgeschlossenen. Humor zeichnet sich, indem er es verschmäht, das Abzuwehrende vollständig der bewussten Aufmerksamkeit zu entziehen, durch eine charakteristische Durchlässigkeit des Filters zwischen den Systemen Bewusstsein und Unbewusstes aus. Freud betrachtet ihn daher im Vergleich mit anderen Abwehrmechanismen als »die höchststehende dieser Abwehrleistungen« (Freud, 1905c, S. 266) (vgl. die folgenden Beispiele).

Der Delinquent könnte anstelle von Humor die Phantasie entwickeln, dass sein Tod am Galgen einer größeren Sache diene und er dadurch zum Märtyrer werde. Dann würde er nicht sagen: »Na, diese Woche fängt gut an«, sondern: »Ihr alle denkt, dass ich sterbe. Ich aber gehe nicht zum Galgen, um zu sterben, sondern um ewig zu leben.« – Das wäre Pathos statt Humor und möglicherweise eine Reaktionsbildung.

Ein anderer Delinquent könnte sagen: »Ich mache mir keine Sorgen, denn der Strick wird heute ganz bestimmt reißen.« – Das wäre grundloser Optimismus anstelle von Humor und eine Verleugnung der Lebensrealität, dass Stricke immer nur dann reißen, wenn man sie braucht.

Noch ein anderer spräche: »Ich habe es ja verdient zu sterben, denn ich bin ein schlechter Mensch. Also schreitet endlich zur Tat.« – Das wäre ganz gewiss kein Humor, sondern eine Wendung gegen das Selbst.

Alle hier genannten alternativen Abwehrmechanismen stellen auch Wege dar, sich zur eigenen Endlichkeit zu verhalten. Anders als der Humor haben sie jedoch den Preis einer gewissen Unflexibilität, einer stärkeren Ich-Einschränkung und/oder einer stärkeren Verzerrung der äußeren Realität.

Humor erfüllt seine Aufgabe als Wächter an der Pforte zwischen Bewusstem und Unbewusstem nicht, indem er Abwehr im Sinne eines möglichst radikalen Fernhaltens des Verdrängten vom Bewusstsein ist. Der Humor baut keine Mauer. Wenn er seinen Posten an der Pforte bezieht, dann hält dort kein borniter Beamter Wache, sondern ein quijotischer Ritter. Humor erlaubt es, das vom Bewusstsein Ausgeschlossene nahe kommen zu lassen. Darin zeigt sich die aufdeckende Komponente des Humors, die ihn von anderen Abwehrmechanismen unterscheidet, insofern im Humor der »Abwehrautomatismus« (Freud, 1905c, S. 266) überwunden ist: Humor stellt keinen automatisierten Fluchtreflex, sondern ein aktives Verhalten-zu-sich dar und vollbringt das paradoxe Kunststück, Abwehr und Aufnahme des Bedrohlichen zugleich zu sein. Die Mittel zu dieser Leistung stehen dem Humor, so Freud, durch seinen Zusammenhang mit dem Infantilen zur Verfügung.

Progressive Regression

Mit dem Hinweis auf die Rolle des Infantilen im Humor liefert Freud eine ungemein originelle Neuformulierung einer aus der philosophischen Ästhetik stammenden und für die Wegbereiter einer Psychologie des Humors – Lazarus (1856), Kraepelin (1885) und Lipps (1898) – verbindlichen Idee, welche das Komische als ein Kontrastphänomen begreift. Der Kontrast, welcher dem Komischen im Allgemeinen zugrunde liegt, so diese Gedankenfigur, ist ein Kontrast zwischen Groß und Klein: zwischen Unendlichkeit und Endlichkeit, zwischen Ideal und Realität, zwischen Erhabenem und Nichtigem. Indem Freud im komischen Kontrast, »im Vergleich von Groß und Klein […] schließlich auch die wesentliche Relation des Kindes zum Erwachsenen« (Freud, 1905c, S. 260, Anm. 1) – und damit jene Relation, die Laplanche (2004) später als »Anthropologische Grundsituation« charakterisierte – entdeckt, werden die Pole des Großen und Kleinen von ihm in die Sphäre des konkret Psychologischen transponiert. Groß und Klein sind nun keine begrifflichen Abstraktionen mehr, sondern begegnen als lebendige Gestalten der eigenen Biografie: als Kinder und Erwachsene. Das Komische trete dabei, so Freud, zutage in einem Vergleich zwischen mir und einem Anderen, welcher so ausfalle, dass »ich im Anderen das Kind wiederfinde« und lachend feststellen kann: »Der macht es so, wie ich es als Kind gemacht habe« (Freud, 1905c, S. 256). Das Lachen der Komik ist ein Lachen über den Anderen. Im Gegensatz zum Komiker finde der Humorist das Kindliche nicht in einem Anderen, sondern in sich selbst wieder und gewinne seine Lust aus »der Vergleichung seines gegenwärtigen Ichs mit seinem kindlichen« (Freud, 1905c, S. 267). Das Lachen des Humors ist ein Lachen über sich selbst.

Zugleich mit dieser regressiven Bewegung zurück in die eigene Kindheit vollziehe der Humorist dabei aber auch eine Vergrößerung, eine Erhebung seines Ichs, welche sich mit den Worten übersetzen lasse: »Ich bin zu groß(artig)« (S. 267), als dass das Bedrohliche – komme es nun in der Gestalt des Galgens daher oder in einer anderen – mich ängstigen und mir Unlust bereiten könnte. Mithin handelt es sich hier um eine progressive Regression: Das erwachsene Ich des Humoristen wird vom regressiven Sog nicht fortgerissen, sondern erscheint in der Begegnung mit dem kindlichen Ich umso größer.

Mit der in »Das Ich und das Es« erstmals dargelegten strukturellen Auffassung von der dreigliedrigen Anatomie der Psyche stehen Freud seit 1923 die theoretischen Mittel zur Verfügung, um den in der Witzschrift zentralen, aber nur unzureichend ausgeführten Gedanken von der progressiv-regressiven Bewegung des Humoristen und der Zerteilung seines Ichs in ein erwachsenes und ein kindliches nun im Humoraufsatz unter dynamischem Gesichtspunkt präziser fassen zu können.

Das doppelgesichtige Über-Ich

Das erwachsene Ich des Humoristen kann von Freud nun mit der Instanz des Über-Ich in Verbindung gebracht werden. Dies ist genetisch Erbe der Elterninstanz und damit als Repräsentanz für das Große und Erwachsene prädestiniert. Unter dynamischem Gesichtspunkt finde im humoristischen Selbstverhältnis eine »Verlegung des psychischen Akzents« oder technisch exakter: eine »Verschiebung großer Besetzungsmengen« (Freud, 1927d, S. 387) psychischer Energie vom Ich auf das Über-Ich statt. In gewisser Weise vollzieht Freud mit der Einführung der Idee der Besetzungsverschiebung auf dem Gebiet der Humortheorie verspätet den Schritt von der kathartischen, auf bloße Abreaktion zielenden zur genuin psychoanalytischen Methode nach: Die für eine Gefühlsregung (z. B. Mitleid mit dem Delinquenten) bereitgestellte Energie, welche für das uns durch die humoristische Wendung erspart bleibende Gefühl nun unverwendbar geworden ist, wird nicht einfach – wie noch in der Witzschrift postuliert – »abgelacht« (Freud, 1905c, S. 262), sondern fließt dem Über-Ich zu. Dieses lässt durch die Besetzungszufuhr »geschwellt[ ] […] nun das Ich winzig klein erscheinen« (Freud, 1927d, S. 387) und ermöglicht damit die regressive Bewegung zurück zu einem kindlichen Ich.

Die Ersparung einer Affektäußerung ist bestenfalls eine Voraussetzung der humoristischen Bewegung. Das Charakteristische dieser Bewegung liegt jedoch nicht in der Ersparung, sondern darin, wofür der Humorist die ersparte Energie aktiv verwendet, nämlich für eine Kompensation in der Störung der ichlibidinösen Besetzungsverhältnisse. Der Humorist wandelt die ersparte Energie in das um, was Freud seit der »Einführung des Narzissmus« als Ichlibido oder narzisstische Libido von der Objektlibido unterscheidet. Die These, dass der Humor nicht lediglich eine Vermeidung (oder Abwehr) von Unlust, sondern sogar einen Gewinn von Lust ermögliche, kann also dahingehend präzisiert werden, dass der Lustgewinn im Humor ein Gewinn narzisstischer Lust durch die Vermittlung des Über-Ichs ist.

Das Über-Ich erscheint dabei im Humoraufsatz in einer neuartigen Perspektive. Freuds Leser kannte es bis dato lediglich als einen gestrengen Herrn, welcher eher um Ordentlichkeit, Gewissenhaftigkeit und Sauberkeit des Ichs bekümmert schien als darum, diesem einen Lustgewinn zu verschaffen. Wenn Freud explizit herausarbeitet, wie »das Über-Ich durch den Humor das Ich zu trösten und vor Leid zu bewahren strebt« (Freud, 1927d, S. 389), dann stellt er das unvertraute Bild eines liebevoll-mütterlichen Über-Ichs neben jenes vertrautere eines streng-väterlichen.

Ernste Spiele

Freud brachte das Selbstverhältnis des Humoristen auf die Formel: Er »behandle sich selbst wie ein Kind und spiele gleichzeitig gegen dies Kind die Rolle des überlegenen Erwachsenen« (Freud, 1927d, S. 386). In dieser Konstellation ist es möglich, dass das große Über-Ich »liebevoll tröstlich zum eingeschüchterten Ich spricht«: »Sieh' her, das ist nun die Welt, die so gefährlich aussieht. Ein Kinderspiel, gerade gut, einen Scherz darüber zu machen!« (Freud, 1927d, S. 389). Das Über-Ich des Humoristen begegnet dem regredierten Ich nicht mit negativ-kritischer Überlegenheit, sondern mit liebevoll-tröstender Sympathie. Das Tröstliche scheint dabei im Nahelegen einer Perspektive zu bestehen, aus welcher die Welt der ernsten Gefahren, die Welt der Unglücke und der Galgen, einem Kinderspiel zu gleichen beginnt, dem es scherzend zu begegnen gilt. Die Erfahrung des Kinderspiels, auf welche der Humorist regressiv zurückgreift, ist dabei, wie Freud in »Der Dichter und das Phantasieren« bemerkt, eine zutiefst ernste: »Der Erwachsene kann sich darauf besinnen, mit welch hohem Ernst er einst seine Kinderspiele betrieb, und indem er nun seine vorgeblich ernsten Beschäftigungen jenen Kinderspielen gleichstellt, wirft er die allzu schwere Bedrückung durch das Leben ab und erringt sich den hohen Lustgewinn des Humors« (Freud, 1908e, S. 215).

Die unter dem Zwang des zweckrationalen Realitätsprinzips stehenden Verrichtungen des allzu ernsten Erwachsenenlebens aus einer Spielperspektive zu betrachten, befreit von der Bindung an die Unmittelbarkeit des Lebensvollzugs. Aus einem Abstand heraus erscheint es möglich, dass das erwachsene Ich dem Abzuwehrenden und Unbekannten nicht mehr mit Angst, sondern mit kindlicher Neugier und Staunen begegnen kann.

2.3 Metapsychologisches II: Humor nach Freud

In Freuds Schülergeneration fand seine Humortheorie zurückhaltende Resonanz und regte nahezu keine originellen Weiterentwicklungen an. In den Sitzungsprotokollen der Wiener Psychoanalytischen Vereinigung findet sich neben 21 Sitzungsabenden, an denen das handfestere Thema des Witzes (besonders des obszönen) eine Rolle spielte, lediglich eine einzige Sitzung, in welcher Humor im engeren Sinne diskutiert wurde (Nunberg u. Federn, 1981). Die frühen psychoanalytischen Beiträge zum Thema beschränken sich in weiten Strecken auf eine Zusammenfassung von Freuds Überlegungen (vgl. z. B. Ferenczi, 1922). Entsprechend resümiert Reik in seiner 1929 erschienenen Aufsatzsammlung »Lust und Leid im Witz«: »Von den Forschungen Freuds sind diejenigen, die sich auf die Psychologie des Witzes und des Komischen beziehen, in ihrer wissenschaftlichen Bedeutung noch am wenigsten gewürdigt« (Reik, 1929, S. 5). Auch mehr als ein halbes Jahrhundert später kann Frings (1996, S. 9) unverändert feststellen, dass das Witzbuch und der Humoraufsatz »eher zu den unbekannteren Schriften Freuds zählen«.

So nimmt das Thema Humor in der Auseinandersetzung mit dem Freud'schen Werk eine eher marginale Position ein, und weder der Humor noch der Witz haben es ins einschlägige »Vokabular der Psychoanalyse« geschafft (Laplanche u. Pontalis, 1972). Es wurde darauf hingewiesen, dass das Interesse zeitgenössischer Analytikerinnen und Analytiker für das Thema gering zu sein scheint (Kameniak, 2005), und man wunderte sich zu Recht, wie die »warme […] Liebeserklärung an den Humor, die Freud […] ausgesprochen hat, ein so geringes Echo haben konnte« (Strotzka, 1957, S. 599). Eine aus jüngerer Zeit stammende Behauptung wie die, dass Freuds Arbeiten über Witz und Humor zum Kern der Psychoanalyse gehörten (Bergmann, 1999), bildet in dieser Rezeptionsgeschichte eher die Ausnahme.

Ich möchte hier eher stichwortartig auf einige der Ansatzpunkte verweisen, in denen Freuds Überlegungen zum Humor aufgegriffen wurden:

An die Beziehung von Humor und Abwehr knüpfte Chasseguet-Smirgel (1988) an, indem sie die Fähigkeit zur Sublimierung als eine notwendige Voraussetzung des Humors herausarbeitete. Abwehr qua Verdrängung, so Chasseguet-Smirgel, sei eine Gegenbewegung zur inneren Gefahr; Abwehr qua Sublimierung hingegen eine *Transformation* derselben.

Kris verfolgte mit seinem 1934 erschienenen Aufsatz »Zur Psychologie der Karikatur« das Ziel, allgemeine Überlegungen zur psychoanalytischen Theorie des Komischen anzustellen. Mit einem in dieser Schrift geprägten und mittlerweile fest im klinischen Vokabular der Psychoanalyse verankerten Terminus lässt sich die progressive Form der humoristischen Regression als eine »Regression im Dienste des Ichs« (Kris, 1934, S. 454) näher bestimmen.

Schafer (1960) und Chasseguet-Smirgel (1988) kamen auf den von Freud nach der Publikation des Humoraufsatzes bemerkenswerterweise nicht weiterverfolgten Gedanken des liebenden und liebenswerten Über-Ichs zurück. In einem frühen originellen Beitrag zum Humor arbeitete Winterstein das »beständige[] Hin- und Hergehen« zwischen »Herrschaft des liebevoll mütterlichen Über-Ichs […] und […] Herrschaft des streng betrachtenden väterlichen Über-Ichs« (Winterstein, 1932, S. 517) heraus.

An recht prominenter Stelle nahm Heinz Kohut Freuds Gedanken des Zusammenhangs von Humor und Narzissmus auf und verwies darauf, dass Humor dem Menschen helfe, »die äußerste Meisterschaft über die Forderung des narzißtischen Selbst zu erlangen, d. h. die Erkenntnis seiner Endlichkeit […] zu ertragen« (Kohut, 1966/1975, S. 163). In diesem Sinne wurde Humor von Kohut – freilich von vollkommen anderen als den Freud'schen Prämissen ausgehend – als eine der »Umformungen des Narzißmus« (S. 163) beschrieben. Damit deutet Kohut zugleich Ansatzpunkte für eine therapeutische Nutzung von Humor an (vgl. auch Lachmann, 2008).

Mehr oder weniger unabhängig von der Pychoanalyse-internen Rezeption der Freud'schen Humortheorie entwickelte sich seit den 1970er Jahren eine prosperierende internationale und interdisziplinär ausgerichtete *Humor Research* (für einen Überblick s. Raskin, 2008; Rutter, 1998; Roeckelein, 2002). In deren Rahmen wird Freud für gewöhnlich lediglich als prominentester historischer Vertreter einer sogenannten »Entlastungstheorie des Humors« rezipiert, welche den Überlegenheitstheorien und den die gegenwärtige Forschung dominierenden Inkongruenztheorien gegenübergestellt wird (Keith-Spiegel, 1972; Raskin, 1985; Carrell, 2008). Mit der Institutionalisierung der *Humor Research* rückte auch die klinisch-therapeutische Anwendung von Humor ins Interesse der Praktiker. In der Folge begannen Therapeutinnen und Therapeuten verschiedenster Couleur, sich mehr oder weniger elaboriert mit der Wirkung von Humor auseinanderzusetzen und sie vor dem Hintergrund ihrer jeweiligen Therapietheorien zu reflektieren (zur Übersicht Titze u. Eschenröder, 1998; Fry u. Salameh, 1987, 1993; Wild, 2016).

3 Humor-Diagnostik

Alfred Adler (1927, S. 96) behauptete frei heraus, die Neurose sei »einem schlechten Witz zu vergleichen«. Unter diagnostischer Perspektive versuchen wir, die Pointen dieser mehr oder weniger schlechten Witze zu verstehen. Im Folgenden soll die psychoanalytische Metapsychologie des Humors dazu auf ihre diagnostischen Implikationen hin befragt werden. Es geht damit um Humor als eine Eigenschaft *(trait)* oder einen emotionalen Zustand *(state)* von Patientinnen und Patienten. Wird Humor als eine diagnostisch relevante Persönlichkeitseigenschaft in den Blick genommen, ist in der Forschung oft vom »Sinn für Humor« bzw. »sense of humor« die Rede (Ruch, 1998).

Zur Strukturierung wird hier vorgeschlagen, Humor in Beziehung zur Logik der Operationalisierten Psychodynamischen Diagnostik (Arbeitskreis OPD, 2006) zu setzen, welche sich als multiaxiales Diagnoseinstrument im psychodynamischen Bereich etabliert hat. Neben einer Achse zur Erfassung von Krankheitserleben und Behandlungsvoraussetzungen eröffnet die OPD mit den Achsen »Beziehung«, »Konflikt« und »Struktur« drei sich ergänzende Blickwinkel psychodynamischer Diagnostik. Nachdem Humor unter diesen drei Perspektiven betrachtet wurde, kann dann im Sinne einer Verlaufsdiagnostik erläutert werden, inwieweit das Auftauchen von Humor als ein Behandlungsziel und damit als ein möglicher Indikator für die Beendigung einer Therapie geeignet ist.

3.1 Humor in Beziehung, Konflikt und Struktur

Struktur

Humor bzw. Sinn für Humor »zu haben« wird von den meisten Menschen als etwas Positives und Erstrebenswertes betrachtet. Humor erscheint – innerhalb der Alltagspsychologie ebenso wie innerhalb der psychodynamischen Theorie – als eine psychische Leistung, als eine Kompetenz, eine Ressource (Fabian, 2015). Im Rahmen der OPD-Diagnostik ließe sich dies zunächst unter dem Punkt »Persönliche Ressourcen« als eine Behandlungsvoraussetzung abbilden. Über diese grobe Erfassung hinaus kann die Fähigkeit zu einem humoristischen Selbst- und Weltverhältnis, folgen wir Freuds Überlegungen, genaueren Aufschluss geben über Genussfähigkeit, über die Flexibilität der Abwehrorganisation, über die Fähigkeit zur Regression im Dienste des Ichs und über die Über-Ich-Organisation und damit über den Kosmos innerer Objekte. In den aufgezählten Fähigkeiten lassen sich unschwer diagnostisch relevante Dimensionen erkennen, welche man im Rahmen einer OPD-Diagnostik auf der Strukturachse abbilden würde: zum Beispiel als Fähigkeit, vielfältige Affekte zuzulassen und sich dadurch lebendig zu fühlen (Kommunikation nach innen), als Fähigkeit zur intrapsychischen Abwehr (Regulierung des Objektbezugs), als Fähigkeit, den eigenen Erlebnisraum mithilfe von Phantasien kreativ zu erweitern (Kommunikation nach innen), oder als Fähigkeit, mithilfe internalisierter guter Beziehungserfahrungen für sich zu sorgen (innere Objekte). Insbesondere die für Humor nicht unwesentliche Fähigkeit, über sich selbst zu lachen, ist Indikator für das Vorhandensein der Möglichkeit zur reflexiven Dezentrierung, welche Selbstwahrnehmungsfähigkeiten (insbesondere Selbstreflexion und Affektdifferenzierung) auf gutem Strukturniveau voraussetzt. Entsprechend findet sich bei Patienten auf desintegriertem Strukturniveau einhergehend mit teils ausgeprägten Theory-of-Mind-Defiziten auch ein eingeschränktes Verständnis von Witzen und Cartoons (Corcoran, Cahill u. Frith, 1997).

Konflikt

Unter struktureller Perspektive erschien Sinn für Humor als eine Fähigkeit, welche man in mehr oder weniger starker Ausprägung besitzen kann. Unter Konfliktperspektive kann daran anschließend danach gefragt werden, inwieweit die spezifische Ausgestaltung der Fähigkeit zum Humor Auskunft über bestimmte innerpsychisch relevante und die eigenen Vorlieben und Abneigungen unbewusst bestimmenden Themenkomplexe zu geben vermag: Bevorzugt jemand obszöne oder brave Witze? Wie steht es mit Fäkalhumor? Witze auf Kosten von Randgruppen? Jüdischer Humor? Politische Witze? Schadenfreude? Schwarzer Humor? Feindselige Witze? Kann jemand sich an Paradoxien freuen? Lacht jemand eher über filigrane Wortspiele oder über geradlinige Kalauer? Kann jemand über sich selbst lachen oder lacht er lieber über Dinge, die sich in sicherer Entfernung befinden? – Zur Untersuchung derartiger Humorpräferenzen existiert eine Reihe sogenannter Humortests (z. B. Ruch, 1983; Mindess, Miller, Turek, Bender u. Corbin, 1985; einen Überblick über die Ergebnisse entsprechender Forschung gibt Ruch, 2008).

Zwerling (1955) griff die Hypothese Freuds (1905c) auf, dass unsere Lieblingswitze und unsere Lieblingsängste zusammenhängen, und schlug die »favorite joke-technique« als ein Instrument psychodynamischer Diagnostik vor: Während des Erstgesprächs solle der Interviewer den Patienten nach seinem Lieblingswitz fragen. Dieser enthülle ähnlich wie Träume die früheste Erinnerung oder Ergebnisse projektiver Testverfahren zentrale konfliktbedingte Ängste und Wünsche, habe jedoch den ungemeinen Vorteil seiner charakteristischen Kürze. Entsprechend gewonnene diagnostische Informationen ließen sich im OPD-Befund am ehesten auf der Konfliktachse abbilden, obgleich die Lieblingswitztechnik hinsichtlich Validität und Reliabilität gewiss ihre Limitationen hat.

Herr V., ein 47-jähriger verheirateter Naturwissenschaftler, litt seit einer sieben Monate zurückliegenden Beförderung zunehmend unter depressiven Symptomen. Da sein Therapeut gerade mit großem Vergnügen ein kleines Büchlein über Humor in der psychodynamischen Therapie gelesen hatte, fragte er Herrn V. innerhalb der Probatorik auch nach seinem Lieblingswitz. Herr V. war zunächst etwas überrascht, antwortete dann jedoch, dass er eigentlich nur einen Witz erinnern könne: »Was macht ein Mathematiker auf der Toilette? – Pi Pi.« Nach dem Erzählen lächelte er kurz und schaute dann etwas verlegen zu Boden. Der Therapeut entwickelte aufgrund der Motive dieses Lieblingswitzes die Hypothese, dass in der Behandlung dieses Patienten die Auseinandersetzung mit dem Themenkomplex »Kontrolle/Manipulation/Verweigerung« eine gewisse Rolle spielen könnte. Zugleich bekam er einen Hinweis darauf, dass es Herrn V. mittels Humor auf strukturell eher reifem Niveau gelingt, sich eine Enklave zu verschaffen, innerhalb derer es für ihn möglich ist, ansonsten als verpönt erlebte anale Interessen lustvoll zuzulassen.

Beziehung

Unter Struktur- und Konfliktperspektive wurde vor allem die intrapsychische Komponente von Humor betont. Humor ist aber auch ein sozial-kommunikatives Phänomen (Räwel, 2005) und kann vielfältige interpersonelle Aktivität, im Sinne eines transitiven Verhaltens mit dem Ziel, beim Gegenüber etwas zu erreichen, implizieren: etwa affiliative, konkurrierende, flirtende und/oder aggressive Beziehungsangebote. Zugleich zeichnen sich Personen auch aus durch ihre habituellen Weisen interpersoneller Reaktivität, im Sinne ihrer Antworten auf den Humor ihrer Interaktionspartner.

Herr Q. begab sich aufgrund einer kränkenden Trennung mit depressiven Symptomen in psychotherapeutische Behandlung. Ihm war es wichtig, seiner Therapeutin gegenüber ebenso beiläufig wie wiederholt zu betonen, dass er in Filmen oder im Theater immer an solchen Stellen lachen müsse, an denen niemand sonst lache. Auf beziehungsdynamischer Ebene ließ sich dies als Appell verstehen: Sieh, dass ich etwas Besonderes bin. Zugleich ist darin in verdichteter Weise auch ein Konfliktthema zum Ausdruck gebracht: der Konflikt aus

Herrn O.s Sehnsucht, etwas Besonderes zu sein, und seiner durch die Trennungssituation aktualisierten Angst, so »besonders« zu sein, dass er vereinsamt.

Frau H. war in den Therapiesitzungen stets darum bemüht, durch Scherze, Witze und lockere Sprüche eine leichte und heitere Atmosphäre zu verbreiten. Es gelang ihr regelmäßig, ihren Analytiker zum Lachen zu verführen, worauf Frau H. jedes Mal ein wenig erleichtert schien. Nachdem der Analytiker diese Atmosphäre anfangs noch genoss, entstand in ihm bald das Bild, dass Frau H. ihn bei Laune zu halten versuche wie ein Alleinunterhalter ein feindseliges Publikum. Gemeinsam ließ sich dies als ein Beziehungsmodell deuten: Wenn ich nicht unterhaltsam, unkompliziert und pflegeleicht für dich bin, dann wirst du mich verlassen.

Beziehungsentwürfe, welche im aktiven Humor oder in Reaktionen auf Humor zum Ausdruck kommen, können die Informationen anreichern, welche im Rahmen der OPD-Diagnostik auf der Beziehungsachse abgebildet werden.

Hier eine beispielhafte an der OPD orientierte beziehungsdynamische Formulierung, welche den interaktionellen und zyklisch-maladaptiven Aspekt eines bestimmten Umgangs mit Humor in den Fokus rückt: »Herr B. fühlt sich durch ironische Bemerkungen, Witze und Doppeldeutigkeiten seiner Mitmenschen, die er habituell auf sich bezieht, immer wieder entwertet und beschämt (Gesichtspunkt: Objekterleben). Er reagiert darauf, indem er sich dadurch verteidigt (Gesichtspunkt: Selbsterleben), dass er die Witze der anderen regelmäßig berichtigt (›Der geht aber ganz anders‹), sabotiert (›Nicht *der* schon wieder‹) oder moralisch verurteilt (›Wie könnt ihr denn *darüber* lachen, während in Afrika Kinder hungern?‹). Dabei ist Herrn B. nicht bewusst, dass er mit seiner Reaktion andere entwertet und beschuldigt (Gesichtspunkt: Beziehungsangebot), was bei diesen dazu führt, dass sie Herrn B. ihre Zuneigung entziehen (Gesichtspunkt: nahegelegte Antwort). Dies wiederum bestätigt Herrn B. in seiner Überzeugung, dass die anderen ihn auch mit ihrem Humor nur entwerten und beschämen wollten (Teufelskreis).«

3.2 Humor als Behandlungsziel

Das, worüber wir lachen können, darüber sind wir hinweg: Das Auftauchen von Humor ist Zeichen einer Herauslösung aus neurotischen Verstrickungen. Setzt Humor ein gutes Integrationsniveau verschiedener struktureller Fähigkeiten voraus, so kann davon ausgegangen werden, dass Humor, der im Verlauf einer Therapie neu in Erscheinung tritt, ein Indikator dafür ist, dass bestimmte therapeutische Ziele erreicht wurden.

Inkonsistenten empirischen Forschungsergebnissen hinsichtlich des Zusammenhangs von Humor und psychischer Gesundheit (Martin, 2008) steht die Beteuerung psychodynamischer Praktiker gegenüber, dass die Fähigkeit, über sich selbst zu lachen, mit wachsendem psychischem Wohlbefinden einhergehe (Grotjahn, 1974; Mosak, 1987). Poland beschrieb anhand von vier Vignetten die Entwicklung von Humor innerhalb des psychoanalytischen Veränderungsprozesses und kam zu dem Schluss: »Mature humor is a reflection of analytic work successfully done« (Poland, 1990, S. 204). Die Fähigkeit, Unsicherheiten und Mehrdeutigkeiten auszuhalten, und die Fähigkeit, widersprüchliche Strebungen, Gefühle und Gedanken in das eigene Selbst- und Weltbild zu integrieren, sind sowohl weitgehend geteilte Ziele einer erfolgreichen Analyse als auch Voraussetzungen humoristischen Lachens.

4 Humor als therapeutische Haltung

Wurde unter diagnostischer Perspektive untersucht, wie Patientinnen und Patienten mit Humor umgehen, so soll Humor in den folgenden Kapiteln als eine Kompetenz auf Therapeutenseite in den Blick kommen. Die Betonung dieser Blickrichtung steht in Übereinstimmung mit einem steigenden Interesse der Psychotherapieforschung für die lange Zeit tendenziell vernachlässigten Therapeutenvariablen (Wampold u. Imel, 2015). Teilen wir therapeutische Kompetenzen mit einem von Tuckett (2005) vorgeschlagenen und von Will (2010) und Körner (2015) ausgearbeiteten Dreischritt in die Bereiche *Konzeptkompetenz* (über Wissen verfügen und es anwenden können), *Handlungskompetenz* (in förderlicher Weise intervenieren können) und *Haltung* (ein inneres und äußeres Setting zur Verfügung stellen können) ein, so lässt sich Humor – obgleich es darüber einiges zu wissen gibt – den beiden letztgenannten Kompetenzbereichen zuordnen. Dabei ist die Differenzierung von Haltung und Handeln natürlich eine künstliche: Eine Haltung bringt sich nicht anders zum Ausdruck als in bestimmten Handlungen (oder in deren Unterlassung). Zugleich bildet die Haltung die Grundlage, auf der bestimmte Handlungsoptionen überhaupt erst in den Raum des Möglichen eintreten (oder prinzipiell davon ausgeschlossen bleiben). Humor überhaupt als therapeutische Handlungsoption – von der man in einer konkreten Situation mit einem konkreten Patienten Gebrauch machen kann oder auch nicht – zur Verfügung zu haben, setzt eine bestimmte Haltung voraus. Entsprechend soll Humor zunächst als eine für Therapeutinnen und Therapeuten empfehlenswerte Haltung erörtert werden, bevor dann näher bestimmt werden kann, welche Handlungsweisen sich aufgrund dieser Haltung therapeutisch nutzen lassen.

4.1 Therapeutische Beziehung: Gleichschwebende Schlagfertigkeit

Kontakt und Allianz

Die Bedeutung der Beziehung als zentraler Wirkfaktor jeglicher Form von Psychotherapie gilt als einer der eindeutigsten Befunde der Psychotherapieforschung (Horvath, Del Re, Flückiger u. Symonds, 2011). Bordin (1979) konzeptualisierte die therapeutische Allianz in einem transtheoretischen Ansatz als zusammengesetzt aus drei sich gegenseitig beeinflussenden Komponenten: therapeutische Aufgaben, Therapieziele und emotionale Bindung. Die Stärke der therapeutischen Allianz ist dabei abhängig vom Grad der Übereinstimmung zwischen Patient und Therapeut hinsichtlich der Aufgaben und Ziele der Therapie und von der Qualität der Bindung zwischen ihnen. Humor wurde bereits als ein mögliches Ziel einer Therapie angesprochen, hinsichtlich dessen eine die therapeutische Allianz stärkende Einigkeit zwischen Therapeut und Patient bestehen kann oder nicht.

Mit Blick auf die Bordin'sche Aufgabenkomponente beinhaltet Humor die Botschaft, dass die Aufgabe des Patienten nicht darin bestehe, sich im Rahmen der Therapie stets von seiner problembelasteten, problematischen und leidenden Seite zu zeigen, sondern dass es durchaus eine seiner Aufgaben sei, auch seine Ressourcen, von denen Humor eine sehr lebenserleichternde sein kann, in die Therapie einzubringen (Munder, Rugenstein u. Gumz, 2018). Patientinnen und Patienten bestätigen eine solche, oft eher implizit erfolgende Aufgabenklärung häufiger mit dem überraschten (und oft auch ein wenig erleichterten) Ausspruch: »Oh, ich hätte gar nicht gedacht, dass hier auch gelacht werden darf.« Dass sich auch Therapeuten das Lachen mitunter selbst erst von ihrem mehr oder weniger strengen analytischen Über-Ich erlauben lassen müssen, deutet Greenson an, indem er mit einer eigentümlichen Wendung bemerkt: Wenn ein Patient »einen Witz erzählt, dann erlaube ich mir Vergnügen oder Heiterkeit zu zeigen« (Greenson, 1973, S. 226). Die befreiende Erfahrung, dass in einem so ernsten Unternehmen, wie eine Psychotherapie oder

Analyse es ist, auch gelacht werden *kann,* ist natürlich etwas anderes als die im Dienste der Abwehr (des Patienten oder des Therapeuten) stehende Erfahrung, dass gelacht werden *muss,* um Ernst, Leiden, Ohnmacht, Aggression, sexuelles Begehren und all die anderen Dinge, die dafür verantwortlich sind, dass unser Leben nicht immer leicht und heiter dahinplätschert, zu verleugnen oder zu bagatellisieren (vgl. Beispiel Frau H. auf S. 36).

Humor hat eine Bedeutung innerhalb der Aufgaben und Ziele einer Therapie, beeinflusst jedoch vor allem die dritte Komponente der therapeutischen Allianz: die Qualität der Bindung zwischen Therapeut und Patient. Aus sozialen Situationen ist den meisten bekannt, dass wenige Dinge eben noch einander unbekannte Menschen so schnell verbinden oder so nachdrücklich entzweien können wie geteilter bzw. nicht geteilter Humor. Gemeinsames Lachen oder Lächeln und geteilter Humor haben etwas immens Kohäsives, sie beeinflussen die Qualität der emotionalen Bindung zwischen Therapeut und Patient positiv. Als ein Beziehungsregulator ist geteilter Humor hochwirksam und wird daher auch von vielen psychodynamischen Therapeutinnen und Therapeuten als eine allianzstärkende Maßnahme geschätzt (Rose, 1969; Meissner, 1999).

In der Literatur zur Anwendung von Humor in der Psychotherapie wird immer wieder auf die Unterscheidung von therapeutisch hilfreichem und schädlichem Humor hingewiesen (Salameh, 1983; Ruch, 2008). Ersterer wird als affiliativ und interpersonell warm, Letzterer als aggressiv und interpersonell kalt beschrieben. Die Unterscheidung zwischen »mit jemand lachen« und »über jemand lachen« weist in dieselbe Richtung. Wie ein scharfes Skalpell ist Humor eine heikle Angelegenheit: Dem wirksamen therapeutischen Einsatz steht bei wenig kunstfertiger Handhabung ein gewisses Verletzungsrisiko gegenüber. Diese Zweischneidigkeit stellt hohe Anforderungen an die interpersonelle Kompetenz des Therapeuten, insbesondere was den Einsatz von Humor in frühen Phasen einer Therapie anbelangt.

Die therapeutische Allianz, von Freud (1912b) noch als die bewusstseinsfähige und unanstößige Komponente der Übertragung konzeptualisiert, ist Möglichkeitsbedingung und Grundlage therapeutischen Arbeitens und Intervenierens. Sie muss am Beginn einer Therapie hinreichend etabliert sein, damit die gemeinsame Arbeit beginnen kann, und erweist sich im Laufe der gemeinsamen Arbeit oftmals als erneut verhandlungsbedürftig (Safran u. Muran, 2000). Soll Humor wirklich therapeutische, und das heißt: verändernde Wirkung haben, dann kann sich seine spezifische Aufgabe jedoch nicht darin erschöpfen, ein Klima einer kooperativen Haltung zwischen Patient und Therapeut zu erzeugen. Therapeutisch wirksamer Humor kann und soll, genau wie eine gute Deutung, etwas im rechten Maß Irritierendes und Verstörendes haben (siehe Kapitel 5.2). Eine sichere Beziehung zum Therapeuten und eine gute therapeutische Allianz eröffnen dabei einen Raum, in welchem es möglich ist, nicht verängstigt vor Irritationen zu fliehen, sondern sich darauf einlassen zu können, sich diesen neugierig zuzuwenden.

Auf Beziehungsebene erweist es sich als eine zentrale Aufgabe für den psychodynamischen Therapeuten, das kooperativ-kohäsive und das konfrontative Element des Humors der jeweiligen Situation und dem jeweiligen Patienten angemessen auszubalancieren. In diesem Balanceakt spielt die Persönlichkeit des Therapeuten eine nicht zu verleugnende Rolle. Es gibt offensichtlich Therapeutenpersönlichkeiten wie den 2013 verstorbenen Vater der provokativen Therapie Frank Farrelly, der seinen Patienten Dinge zumutete, welche am potenziell Schädlichen nicht immer nur knapp vorbeischrammten, und der von seinen Patienten dennoch konsistent als hilfreich und warm erlebt wurde (vgl. das folgende Beispiel). Dazu trägt sicher das Beherrschen der Kunstfertigkeit, Rapport und Beziehung sehr schnell und effektiv auf non- und paraverbaler Ebene herzustellen, wesentlich bei.

Ein Beispiel aus einer provokativen Therapie (Farrelly u. Brandsma, 1974, S. 79):

PT. *(PLAINTIVELY):* Come on, should I see ... about a change in jobs?
TH. *(FORCEFULLY):* Yes, definitely! *(pauses, looks uncertain)* No, wait ... uh ... on the other hand ... well ... *(Th.'s face »lights up« as though*

arriving at a decision; then hesitates) no ... better wait on that until I figure it out for you ... And I should have it completely clarified for you in about ... two years.
PT. *(LAUGHING):* Shit, you'll never tell me.

An diesem Beispiel – welches sich durchaus auch als eine (vielleicht etwas theatralische) psychodynamische Deutung verstehen ließe – wird deutlich, dass eine Öffnung für Humor auch beim Therapeuten den Mut voraussetzt, seinen Patienten etwas zuzumuten. Diese Haltung ist Ausdruck der ressourcenorientierten (und natürlich im Einzelfall elastisch zu handhabenden) Überzeugung, dass unsere Patientinnen und Patienten in der Regel weniger zerbrechlich sind, als wir denken. Eine solche Überzeugung kann übrigens an eine psychoanalytische Tradition anknüpfen, welche das besondere therapeutische Potenzial einer Haltung betont, die Empathie und Sympathie mit Versagungs- und Konfrontationsbereitschaft zu mischen versteht (Frank, 1986).

Freuds Humortheorie ins Interpersonelle übertragen

Folgen wir Freuds Überlegungen von 1927, so geht es im Humor darum, in einer positiv-elterlichen und damit entwicklungsförderlichen Weise zu einem regredierten Ich zu sprechen. Freud entwirft dies im Humoraufsatz als einen intrapsychischen Dialog zwischen Ich und Über-Ich des Humoristen. Er deutet jedoch auch an, dass dieser Mechanismus unabhängig davon gelte, ob der Humor »sich nun an der eigenen oder an fremden Personen betätigt« (Freud, 1927d, S. 389). Damit scheint Freud die Möglichkeit einer Erweiterung der Pointe seiner Humortheorie ins Interpersonelle durchaus vor Augen gehabt zu haben. Eine solche die Rolle des Anderen im Humor berücksichtigende Erweiterung hätte unmittelbare behandlungstechnische Relevanz insofern es in psychodynamischen Behandlungen darum geht, zum Ich eines sich in Zuständen mehr oder weniger ausgeprägter Regression befindlichen Patienten in einer Art und Weise zu sprechen, welche für diesen entwicklungsförderlich ist. Wenn wir als Therapeuten zu regredierten Patienten sprechen, dann befinden wir uns in derselben Sprecherposition wie das Über-Ich des Humoristen.

Die Grundhaltung des Therapeuten gegenüber seinen Patienten ließe sich dann mit dem von Freud dem humoristischen Über-Ich in den metaphorischen Mund gelegten Satz beschreiben: »Sieh her, das ist nun die Welt, die so gefährlich aussieht. Ein Kinderspiel, gerade gut, einen Scherz darüber zu machen!« Der erste Teil dieses Satzes meint: Wende deinen Blick nicht ab. Sieh dir und den Dingen in die Augen, auch wenn du nicht so bist, wie du dich gern hättest, und auch wenn die Dinge nicht so sind, wie du sie gern hättest. Das »Sieh her« enthält ein konfrontatives Element, in welchem sich der aufdeckende Charakter des Humors zeigt. Der zweite Satz (»Ein Kinderspiel …«) leitet dann einen Perspektivenwechsel ein. Er sagt: Und nun lass uns diese Welt, vor deren ernster Realität wir den Blick nicht abwenden, einmal probeweise so betrachten, als ob sie ein Kinderspiel wäre. Ein Spiel, in welchem man befreit mitspielen und mitscherzen kann. In dieser doppelten Perspektivierung wird dem psychodynamischen Therapeuten eine Haltung nahegelegt, welche sich mit den Worten beschreiben lässt, mit denen Winterstein (1932) Freuds Metapsychologie des Humors zusammenfasste: ein Hin-und-Herwechseln zwischen der liebevoll-mütterlichen, durch Sympathie getragenen Perspektive auf der einen und der streng-betrachtend-väterlichen, durch Konfrontationsbereitschaft gekennzeichneten Perspektive auf der anderen Seite.

In dieser Psychodynamik des ins Interpersonelle übertragenen Humors kommt eine der therapeutischen Anwendung der Psychoanalyse innewohnende Doppelgesichtigkeit zum Ausdruck: eben jene Doppelgesichtigkeit, welche Cremerius (1979/1984) zu der Frage bewog: »Gibt es zwei psychoanalytische Techniken?« Einer »paternistischen Vernunfttherapie«, welche die ödipalen Errungenschaften voraussetzend am Konflikt arbeitet (Modell Freud: Sich-in-den-Weg-Stellen – Übertragung – Wiederholung – Deutung – Einsicht), steht eine »mütterliche Liebestherapie« gegenüber, welche das Präödipale betonend am Entwicklungsdefizit arbeitet (Modell Ferenczi: Sich-zur-Verfügung-Stellen – Beziehung – Hier-und-Jetzt – emotionale Erfahrung – Neubeginn). Diese Doppelgesichtigkeit lässt sich historisch zurückverfolgen bis zu der extremen Diskrepanz, welche sich zwischen Freuds Theorie der psychoanalytischen Technik und seiner eigenen therapeutischen Praxis findet. Begegnet der Autor Freud in seinen behandlungstechnischen Schriften seinem Leser zumeist in der Rolle des gestrengen und Regeln aufstellenden väterlichen Über-Ichs, so scheint der Therapeut Freud seine eigene Praxis, wie wir wissen, vergleichsweise elastisch gehandhabt und seinen Patientinnen und Patienten gegenüber recht konsequent auch Züge des mütterlichen Über-Ichs gezeigt zu haben (Cremerius 1981/1984).

Ein Grund dafür, dass Freud bezüglich der naheliegenden Übertragung seiner metapsychologischen Überlegungen zum Humor in die Behandlungstechnik so zurückhaltend war, mag auch darin gelegen haben, dass dies bedeutet hätte, neben dem in seinen technischen Schriften vorgetragenen Modell der väterlichen »Redekur« auch das Modell der mütterlichen »Erlebniskur« explizit als gültige psychoanalytische Praxis anzuerkennen, denn das Modell für die Humortheorie von 1927 ist die Mutter-Kind-Beziehung. Faktisch hätte Freud, insofern seine Lehranalysanden berichten, dass er gern auch jüdische Witze zur Deutung benutzt habe (Cremerius, 1981/1984), damit nichts anderes getan, als seine explizite Behandlungstheorie seiner impliziten Behandlungspraxis anzugleichen, wovor er jedoch offensichtlich – nicht nur was die therapeutische Verwendung von Humor anging – zurückschreckte. Mit diesem eklatanten Widerspruch stellte Freud seine Nachfolgerinnen und Nachfolger vor die nicht ganz unwitzige Entscheidung, ob sie die Entwicklung der Psychoanalyse im Befolgen oder nicht vielleicht doch eher im Überschreiten von Regeln suchen wollen. Das mütterliche Über-Ich des Humoraufsatzes weist hier in eine inspirierende Richtung.

Wort-Spiele, Deutungs-Spiele, Rollen-Spiele

Das Modell der »Redekur« unterstellt das vorwiegend oder ausschließlich verbale Bezogensein der Beteiligten. Die Orientierung an der Mutter-Kind-Beziehung als Modell für die innerhalb der therapeutischen Dyade stattfindenden Austauschprozesse hingegen lenkt die Aufmerksamkeit auf eine subtile averbale Verständigung unterhalb des erwachsenen Sprechens. Der Unterschied zwischen dem Kind und dem Erwachsenen, so Winnicott (1958/1974), bestehe darin, dass das Kind öfter spiele als rede. Freuds nichtklinische und intrapsychische Metapsychologie des Humors ins Klinische und Interpersonelle zu übertragen, geht einher mit der Einführung der Metapher des Spielens in die psychoanalytische Situation.

So wenig wie Freud im Humoraufsatz das väterliche gegen das mütterliche Über-Ich ausspielt, sondern vielmehr ein Oszillieren, ein Hin-und-Herwechseln zwischen beiden Perspektiven nahelegt, genauso wenig sollen hier »paternistische« und »mütterliche« Technik in eine Opposition zueinander gebracht werden. Es geht nicht darum, miteinander zu sprechen *oder* miteinander zu spielen. Es geht darum, spielend zu sprechen und sprechend zu spielen. Spiel meint dabei nicht Monopoly, sondern die zweckfreie Selbstvergessenheit jener Spiele, in denen man weder etwas falsch noch richtig machen, in denen man weder gewinnen noch verlieren kann. Auch wenn hier zunächst eher modernere psychologische oder psychoanalytische Konzepte wie »Flow« (Csíkszentmihályi, 1990) oder »Now-Moments« (Stern, 2004) in den Sinn kommen mögen, ist das selbstvergessene Spielen bereits ein Freud alles andere als fremder Gedanke. Er findet sich vielmehr im Zentrum der psychoanalytischen Methode, formuliert als die psychoanalytische Grundregel der freien Assoziation, als die an den Patienten gerichtete Aufforderung, seinen Einfällen frei zu folgen und diese auch dann zu äußern, wenn sie ihm unschicklich, unzusammenhängend oder unbedeutend erscheinen. Die Grundregel verlangt, sich über die logischen, ästhetischen und moralischen Regeln alltäglichen Kommunizierens und Funktionierens hinwegzusetzen und sich die Freiheit zu nehmen, ein spielerischeres, ein weniger rationales und vernünftiges Verhältnis zu seinen Worten einzunehmen.

Eine Regel, welche fordert, sich an keine Regel zu halten – solch einen paradoxen Rahmen mutet man seinen Patienten gewiss ebenso lächelnd zu, wie man seinen Schülern ein derart widersprüchliches behandlungstechnisches Vermächtnis hinterlässt, wie Freud es tat. Die emanzipatorische Absicht eines solchen Vorgehens, welche es mir an dieser Stelle gefällt, Freud zu unterstellen, liegt darin, jemandem keine Lösungen zu geben, sondern etwas, woran er sich abarbeiten und so seinen eigenen Weg finden kann (Born u. Rugenstein, 2018). Dies scheint mir ein zentraler Gedanke der Analyse zu sein. Der allwissende Vater ist genauso wenig entwicklungsförderlich wie die alle Bedürfnisse erfüllende Mutter oder der alles richtig machende Lehrer.

Der wirksame Therapeut soll weder alles verstehen noch alles gut (oder gar besser) machen. Spiegelbildlich zur Grundregel der freien Assoziation formulierte Freud für den Therapeuten die Grundregel, den Assoziationen seiner Patienten mit »gleichschwebender Aufmerksamkeit« (Freud, 1912e, S. 377) zu folgen und auch das Ungehörige, Unpassende und Unsinnige zu hören, ohne es gleich verstehen, erklären oder kritisch prüfen zu müssen. Damit wird auch dem Therapeuten eine spielerische Haltung nahegelegt, welche sich offen hält für die Mehrdeutigkeiten, Paradoxien und Wider-Sinnigkeiten des Unbewussten. Der Rahmen der analytischen Situation soll einen Spielraum eröffnen, in welchem das Unbewusste sich zeigen kann. Einen Raum, der durch die spielerische Freiheit gekennzeichnet ist, Un-Sinn zu reden, das Infantile und das Perverse zu tolerieren, das Paradoxe zuzulassen und in das seltsame »Reich der Unlogik« (Freud 1940a, S. 91) des Unbewussten einzutauchen. Das Unbewusste aber zeigt sich per definitionem nicht unmittelbar und spricht sich nicht direkt aus, sondern gibt sich zu erkennen als eine Unterbrechung in der Ordnung des erwachsenen Sprechens. Unbewusstes scheint auf als eine Pause, als Versprecher, als Unverständliches, Undeutliches und Unpassendes, als Überraschendes, als Aussparung und Lücke, als Fehlleistung, als Widerspruch. Das Unbewusste zeigt sich gerade nicht so, wie es ist, sondern als etwas Anderes: Das Unbewusste ist ironisch (Rugenstein, 2015). Die (verbalen, paraverbalen und nonverbalen) Mitteilungen eines Patienten im Hinblick auf ihre unbewussten Wirkabsichten zu verstehen, setzt ein Gespür für die Ironie des Unbewussten und eine spielerische Offenheit gegenüber einer mehrdeutigen und fiktiven Realität voraus.

Indem er die von Freud dem psychodynamischen Therapeuten nahegelegte gleichschwebende Aufmerksamkeit um die Forderung nach einer »gleichschwebenden Bereitschaft zur Rollenübernahme« ergänzte, rückte Sandler (1976) das Element des Spielerischen explizit ins Zentrum der therapeutischen Haltung. Dabei konzeptualisierte er die Übertragungs-Gegenübertragungs-Beziehung, deren lebenswirklichen Ernst kein seriöser Analytiker infrage stellen würde, als ein Rollenspiel. Dieses funktioniere derart, »daß die Rollenbeziehung des Patienten innerhalb der Analyse zu jedem beliebigen Zeitpunkt aus einer Rolle, die er sich selbst zuweist, und einer komplementären Rolle, die er dem Analytiker zu diesem Zeitpunkt zuweist, besteht. Die Übertragung würde demnach einen Versuch des Patienten darstellen, von sich aus zwischen sich und dem Analytiker eine Interaktion, eine Wechselbeziehung durchzusetzen« (Sandler, 1976, S. 300).

Um als reaktionsbereiter Mitspieler an diesem Spiel teilnehmen zu können, muss der Therapeut über die Fähigkeit verfügen, sich den Rollenangeboten des Patienten zur Verfügung zu stellen und selbst die Bühne zu betreten, um sich auf das Spiel mit dem Patienten einzulassen. Mit einem weniger der psychodynamischen Behandlungstechnik, sondern mehr dem humoristischen Vokabular entstammenden Begriff ließe sich diese spielerische Reaktionsbereitschaft zur Rollenübernahme auch als Schlagfertigkeit beschreiben.

Die ersten Wochen ihrer Analyse nutzte eine junge Patientin für sehr ausgedehnte Beschreibungen der Einzelheiten ihres Alltags, wie der getätigten oder noch zu erledigenden Einkäufe, der Widrigkeiten der Straßenverkehrssituation, der Unzumutbarkeiten ihres Arbeitsplatzes etc. Schließlich hielt sie plötzlich mitten in einer solchen Erzählung inne und wendete sich an ihren Analytiker: »Die Menge an infantilen Banalitäten, die ich erzählen kann, ist unglaublich, aber Sie da, hinter mir, was machen Sie in dieser ganzen Zeit … langweilen Sie sich nicht?« Der Analytiker antwortete: »Oh, ich, ich stricke!« (Soulé, 1992, S. 51).

Humor legt dem Therapeuten eine Haltung nahe, die Lust macht, mit Worten und mit Rollenangeboten zu spielen – im vorangegangenen Beispiel wäre es die Rolle der für ihr Kind strickenden und sich dabei mit ihm beschäftigenden Mutter. Die psychoanalytische Grundhaltung der gleichschwebenden Aufmerksamkeit wird durch Humor um eine gleichschwebende Schlagfertigkeit ergänzt. Die humoristische Haltung zeichnet sich dadurch aus, dass sie scheinbar Entgegengesetztes miteinander zu vereinen weiß: Scherz und Ernst, freies Spiel und Anerkennung der Realität, Sympathie und Konfrontation, interpersonelle Wärme und distanziert-analytische Kälte, abstinente Zurückhaltung und reaktionsbereite Schlagfertigkeit.

4.2 Beziehung zu sich: Humor und Psychohygiene

Die Fähigkeit, auch oder gerade über sich selbst zu lachen, ist nicht nur ein mögliches Behandlungsziel (siehe Kapitel 3.2), sondern stellt auch auf Therapeutenseite eine zu kultivierende Tugend dar. Warnungen vor dem *furor sanandi*, dem überstarken Bedürfnis, zu helfen und zu heilen, haben eine lange Tradition in der Psychoanalyse. Es ist eine der Aufgaben der Selbsterfahrung im Rahmen der psychotherapeutischen Ausbildung, sich ein klein wenig vom eigenen therapeutischen Narzissmus, von den eigenen inneren Objekten und Vorbildern zu befreien und sich den inneren Spielraum zu erarbeiten, der es erlaubt, vom eigenen Weltbild abzuweichen. Humor kann hierbei helfen, indem er uns ein wenig dezentriert und es uns angesichts des mitunter sehr ernsten therapeutischen Berufs erlaubt, uns in unserer Rolle als Therapeutinnen und Therapeuten nicht zu ernst zu nehmen.

Martin Grotjahn berichtet, wie ihm sein eigenes Unbewusstes bei einer unfreiwilligen Dezentrierung seiner Therapeutenrolle zur Hilfe kam: Als er in einer analytischen Gruppe habe sagen wollen: »Ich kann nicht jedermanns Freund sein«, hörte er es stattdessen seinem Munde entschlüpfen: »Ich kann nicht jedermanns Freud sein.« Diese gewiss schöne Fehlleistung kommentiert er mit den Worten: »Die Gruppe hatte mich bei dem unfreiwilligen Eingeständnis eines leicht größenwahnsinnigen Ehrgeizes ertappt« (Grotjahn, 1974, S. 155).

Sich als Therapeut – neben anderen Modellen – auch den Spitzbuben auf dem Weg zum Galgen (siehe S. 23) zum Vorbild zu nehmen kann uns lehren, sich in einer nicht resignativen Weise zur Endlichkeit der eigenen Möglichkeiten und zu den Begrenzungen der psychodynamischen Behandlungstechnik zu verhalten.

5 Humor als Methode therapeutischen Handelns

Nachdem Humor zunächst unter der Perspektive der therapeutischen Haltung erörtert wurde, soll nun verdeutlicht werden, in welchen Handlungsweisen sich diese Haltung konkretisiert. Leitgedanke ist dabei, die Beziehung von Humor zur paradigmatischen Handlungsweise von psychodynamischen Therapeutinnen und Therapeuten, zum Deuten, herauszuarbeiten.

Freud lieferte zwar äußerst kreative und wegweisende theoretische Beiträge zum Verständnis von Humor, er unterließ es jedoch in auffälliger Weise, aus seinen Überlegungen zur Metapsychologie des Humors Schlüsse für die psychoanalytische Behandlungstechnik zu ziehen. Doch wenn Humor für Freud eine der höchsten psychischen Leistungen des Menschen ist, sollte er dann nicht auch jenseits der psychoanalytischen Literaturtheorie und Metapsychologie seinen Platz in der Empirie einer therapeutischen Psychoanalyse haben? Obwohl sich hierfür einige Ansatzpunkte böten, unterließ Freud es, die Bezüge seiner Humortheorie zur therapeutischen Anwendung der Psychoanalyse auszuarbeiten. Dies blieb (und bleibt) eine der Aufgaben seiner Nachfolgerinnen und Nachfolger.

5.1 Nicht über etwas hinweg, sondern auf etwas hinscherzen: Humor als Weg zur Einsicht

Eine Fußnote und drei Beispiele
In Freuds Werk findet sich lediglich ein einziger Hinweis darauf, was Humor nicht nur mit der psychoanalytischen Forschung, sondern

auch mit der psychoanalytischen Therapie zu tun haben könnte. Für die spärliche Rezeption dieses Gedankens ist es sicher nicht unerheblich, dass Freud ihn in einer Fußnote zu seiner Witzschrift unterbrachte, sodass er im Tonfall eines beiläufig wirkenden Exkurses daherkommt (Rieß, 1983). Dabei beschreibt Freud jedoch offensichtlich ein in seiner Erfahrung als praktizierender Analytiker nicht lediglich beiläufiges Phänomen, sondern etwas, was ihm bei vielen seiner Patientinnen und Patienten regelmäßig begegnete:

»Viele meiner neurotischen und in psychoanalytischer Behandlung stehenden Patienten pflegen regelmäßig durch ein Lachen zu bezeugen, daß es gelungen ist, ihrer bewußten Wahrnehmung das verhüllte Unbewußte getreulich zu zeigen, und sie lachen auch dann, wenn der Inhalt des Enthüllten es keineswegs rechtfertigen würde. Bedingung dafür ist allerdings, daß sie diesem Unbewußten nahe genug gekommen sind, um es zu erfassen, wenn der Arzt es erraten und ihnen vorgeführt hat« (Freud, 1905c, S. 194, Anm. 1).

Die Wichtigkeit dieser kleinen Anmerkung für die Erörterung der Position von Humor in der therapeutischen Anwendung der Psychoanalyse lässt sich schwer überschätzen. Freud redet hier nicht etwa davon, wie er intentional Witze, komische Geschichten oder Humor in Analysen als Interventionsparameter erprobte und ob er damit Erfolg hatte oder nicht. Nein: Er berichtet von einem Phänomen, welches innerhalb der von ihm geführten Analysen regelmäßig auftrat und in natürlicher Weise zum analytischen Prozess dazugehörte. Das beschriebene Phänomen ist zunächst einmal Lachen, welches hier von Freud – ganz nebenbei – als ein Kriterium für eine treffende Deutung präsentiert wird (welches in der Liste der Deutungskriterien von Isaacs, 1939, nicht mehr auftaucht). Ein leises Echo dieser Fußnote Freuds findet sich in Fenichels einflussreicher Schrift »Probleme der psychoanalytischen Technik«: »Im Kleinen findet eine […] Energiebefreiung bei jeder Deutung statt (daher bekanntlich der witzähnliche Charakter gelungener Deutungen und das häufige Lachen danach)« (Fenichel, 1936/2001, S. 84 f.). Auch Fenichel teilt hier eingeklammert, im Ton des Beiläufigen, eine durchaus überraschende Beobachtung mit, welche seiner Ansicht nach jedoch zum allgemein bekannten Erfahrungsschatz praktizierender Analytiker – seiner Schrift liegen Vorträge zugrunde, die er vor Kandidaten und erfahrenen Analytikern hielt – zu gehören scheint. In seiner Begründung des Lachens bleibt er dabei ganz der eher katharischen als genuin psychodynamischen Energieersparnis-Hypothese der Freud'schen Witzschrift verhaftet.

Nur über das äußerliche Phänomen des Lachens aber wäre ein Zusammenhang mit Humor schwerlich zu begründen. Freud geht in seiner Fußnote dann auch einen Schritt weiter, indem er klarstellt, dass das Lachen, um das es ihm geht, gerade nichts mit dem Inhalt des vom Patienten Erkannten zu tun habe, sondern mit der spezifischen Weise, in der dieser Inhalt sich enthülle. Der aufgedeckte Inhalt selbst, so deutet Freud an, lege ganz im Gegenteil eher unlustvolle und unangenehme Affekte nahe. Hiermit ist nichts anderes beschrieben als die für den Humor charakteristische, unter dem Schlagwort »Trotzdem« zusammengefasste und von Freud mit der Delinquentenanekdote illustrierte Struktur, welche einen ernsthaften, ja leidvollen Inhalt anerkennt und zugleich das Kunststück vollbringt, sich lachend oder lächelnd in eine befreiende Distanz dazu zu bringen.

Humor eröffnet damit für Freud implizit auch auf behandlungstechnischer Ebene die Möglichkeit, dass innerhalb einer Analyse eine aus dem Bewusstsein ausgeschlossene innere Gefahr, ein alles andere als lächeln machender Inhalt, in einem Modus bewusst zu werden vermag, in welchem sich das Bedrohliche nicht mehr als bedrohlich erweist. Humor erscheint im Prozess einer psychodynamischen Therapie im Zusammenhang mit der gelingenden und Veränderung ermöglichenden Vorführung des Unbewussten.

Wenn Deuten das Bewusstmachen des Unbewussten – oder etwas umständlicher: die Verbalisierung einer Hypothese über einen unbewussten Sinnzusammenhang – meint, dann wird Humor mit den bisherigen Überlegungen in seiner technischen Funktion in die Nähe einer Deutung gerückt. Zugleich geht Humor in einem entscheidenden Punkt über das mit der obigen Minimaldefinition der Deutung

Umrissene hinaus: Im Humor geht es nicht lediglich um eine *verbale* Mitteilung, welche zu Einsicht führt, sondern es wird zugleich eine Beziehungserfahrung ermöglicht. Das befreiende Lachen ist ein Indikator dafür. Einen anderen Indikator gibt Freud uns indirekt, wenn er nicht etwa von der Mitteilung des Unbewussten spricht, sondern davon, dass der Therapeut dem Patienten das Unbewusste *gezeigt* bzw. *vorgeführt* habe. Diese bemerkenswerte Wortwahl evoziert nicht zufällig das aus Sandlers Rollenmetaphorik geläufige Bild einer Bühne (siehe S. 47), auf welcher ein Schauspiel vorgeführt wird: Es scheint, im Humor werde eine Hypothese über einen unbewussten Sinnzusammenhang weniger verbalisiert, sondern vielmehr getestet und darin zugleich vorgeführt. Beim Humor geht es damit zwar um Bewusstmachung des Unbewussten und somit um Einsicht (»paternistische Technik«), jedoch nicht in kognitiv-verbaler, sondern in einer erlebnisverankerten Form (»mütterliche Technik«).

Damit zeichnet sich ab, wie Humor in psychodynamischen Therapien nicht lediglich als eine Möglichkeit der Beziehungsregulation, der Allianzstärkung und der Ressourcenaktivierung genutzt werden kann, sondern wie er im Herzen des psychodynamischen Therapieunternehmens, an der Schnittstelle von Deutung, Einsicht und Neuerfahrung, wirksam ist. Das Spezifische von therapeutisch wirksamem Humor lässt sich nun im psychodynamischen Kontext pointierter formulieren: Das Leiden, die Widersprüche, Ungereimtheiten, die Paradoxien und Konflikte des (neurotischen) Lebens, auf welche humoristisch-deutend gezeigt wird, sind ernst. Die Weise des Zeigens aber ist scherzend. *Es geht im Humor nicht darum, über etwas hinweg, sondern auf etwas hinzuscherzen.*

Diese Humor-Formel behandlungstechnisch zu präzisieren heißt, danach zu fragen, auf was genau im psychodynamisch hilfreichen Humor hingescherzt werden soll und wie genau dieses Scherzen erfolgen kann. Um dies mit Blick auf die therapeutische Praxis erläutern zu können, möchte ich drei Vignetten voranstellen. Diese stammen von psychodynamischen Autoren verschiedener theoretischer Ausrichtung. Gerade deswegen sind sie jedoch besonders geeignet dafür, um an den in ihnen deutlich werdenden Konvergenzen zu veranschaulichen, was Humor und psychodynamische Praxis miteinander verbindet.

Beispiel 1: Ein Patient hatte eine Frau kennengelernt und überlegte, ob er sie einmal mit ins Wartezimmer seines Analytikers bringen könne, um sie ihm zu zeigen. Dieser interveniert mit folgenden Worten: »Wenn Sie mir Ihre Freundin mitbringen, dann nehme ich sie Ihnen weg und Sie sind sie los« (Rotmann nach Körner, 1989, S. 213).

Beispiel 2: Am Ende einer Stunde, in deren Verlauf eine Patientin berichtete, wie ihr Vater ihr in der Kindheit Bücher mit sexuellen oder aggressiven Inhalten immer mit den Worten »Dieses Buch ist nur für Männer« verweigert habe, ereignet sich folgende Szene: »At this point the patient noticed on my bookcase a copy of Horney's collected papers. She asked me for permission to borrow the book, to which I answered, ›No, that's a man's book!‹ The patient's initial response was to laugh« (Poland, 1971, S. 635).

Beispiel 3: John war ein hochintelligenter narzisstischer Patient, der ein biografisches Muster beschrieb, in welchem er seiner Mutter trotz herausragender Leistungen nie habe genügen können. Er erinnerte sich, wie er sogar während der sonntäglichen Ausflüge der Familie nie entspannt und untätig habe sein dürfen, sondern ständig von der Mutter Vokabeln abgefragt wurde oder Mathematikaufgaben mit ihr habe lösen müssen. In der Behandlung war John schon seit einer Weile habituell unzufrieden mit seinem Analytiker, als sich Folgendes ereignete: »John was instructing me in exactly how a comment of mine had been worded poorly and had implied that he was bad; it could have been worded differently so as to make him feel appreciated. He ended all with the question, ›Are you able to follow this?‹ I responded, ›Wait … could you speak more slowly?‹ He replied that he was trying his best but that I was a poor student. I sensed that he was now ›playing‹ with me more than before and I responded: ›But I thought this was just a Sunday drive!‹« (Bader, 1993, S. 32).

Übertragung – Gegenübertragung

Bei den von den drei Therapeuten jeweils geschilderten Interventionen handelt es sich technisch gesehen um Deutungen: »Dann nehme ich sie Ihnen weg«, »No, that's a man's book«, »Wait ... could you speek more slowly?«, »But I thought this was just a Sunday drive!« verfolgen das Ziel, ein dem Patienten oder der Patientin unbewusstes Beziehungsangebot und die damit verbundenen Konfliktstrukturen und lebensgeschichtlichen Zusammenhänge (Letzteres nur in den Beispielen 2 und 3) bewusst zu machen. Die drei vorgeschlagenen therapeutischen Handlungsweisen entfesseln dabei zugleich absichtlich oder unabsichtlich – Poland und Bader wollen mit ihren Vignetten Humor in der Psychoanalyse illustrieren; Körner möchte psychoanalytisches Arbeiten, jedoch nicht erklärtermaßen Humor demonstrieren – eine bestimmte Art von Humor. Diese ist psychodynamisch vor allem dadurch gekennzeichnet, dass sie in allen drei Fällen jeweils die Übertragungs-Gegenübertragungs-Dynamik in den Blick nimmt. Das, worauf im psychodynamisch wirksamen Humor hingescherzt wird, ist die widersprüchliche Einheit von Übertragung und Gegenübertragung. Humor ist ein Vehikel, um in besonderer Art auf die Dynamik, in der Übertragung und Gegenübertragung miteinander verschränkt sind, aufmerksam zu machen.

Innerhalb der psychoanalytischen Literatur zur therapeutischen Wirkung von Humor wurde entsprechend darauf hingewiesen, dass Humor in dem Maße therapeutisch wirksam ist, wie er sich einer Deutung, insbesondere einer Übertragungsdeutung, annähere (Baker, 1999). Diese These wird durch die Gegenüberstellung der mitgeteilten Vignetten ebenso illustriert wie relativiert: Es handelt sich in allen drei Beispielen nicht um eine deutende Arbeit von einem exzentrischen Punkt her. Der Analytiker teilt dem Patienten oder der Patientin in den Beispielen nicht explizit verbal seine als solche markierte Hypothese darüber mit, was zwischen beiden gerade passiert. Um den Kontrast etwas plastischer hervortreten zu lassen, können wir mit Blick auf die drei Beispiele probeweise folgende Alternativinterventionen in Betracht ziehen:

Beispiel 1*: »Sie möchten, dass ich Ihre neue Freundin sehe. Ich könnte mir jedoch vorstellen, dass Sie vielleicht auch ein wenig befürchten, dass sie mir so sehr gefällt, dass wir beide dann in eine Konkurrenzsituation geraten.«

Beispiel 2*: »Wenn Sie mich nach diesem Buch fragen, dann bringen Sie mich in eine dem Vater aus Ihrer Kindheit erstaunlich ähnliche Position. Mir scheint, dass Sie auch von mir etwas haben möchten und nun wohl fürchten, ich könnte Sie zurückweisen. Welche Einfälle kommen Ihnen denn zum Namen der Autorin?«

Beispiel 3*: »Mir scheint, ich genüge Ihnen jetzt ebenso wenig, wie Sie früher Ihrer Mutter genügen konnten. Sie lassen mich spüren, wie ohnmächtig sich das für Sie damals angefühlt haben muss. Andererseits könnte ich mir ebenso vorstellen, dass Sie möglicherweise auch ein wenig beunruhigt davon sind, wie wohl Sie sich in der Rolle Ihrer Mutter fühlen.«

Alle drei Alternativinterventionen lassen sich als (mehr oder weniger gelungene) Übertragungsdeutungen klassifizieren. Sie verfolgen ähnliche Deutungsziele und thematisieren auf einer inhaltlichen Ebene ähnliche unbewusste Sinnzusammenhänge wie die Interventionen in den Originalvignetten. Den Alternativinterventionen fehlt jedoch der Humor. Im Gegensatz zu den Originalinterventionen handelt es sich bei den Alterativvorschlägen um inhaltlich mit großer Wahrscheinlichkeit zutreffende, aber dynamisch vermutlich mehr oder weniger wirkungslose Deutungen. Die Alternativinterventionen haben vergleichsweise wenig Überraschungspotenzial: Der Therapeut verhält sich darin, was seine Wortwahl, sein zur Schau gestelltes Einfühlungsvermögen und den betont hypothetisch-relativierten Ton seiner Formulierungen angeht, ungefähr so, wie man es von einem Therapeuten erwarten könnte. Die Therapeuten der Originalinterventionen hingegen verhalten sich sonderbar und eigenartig (vgl. II,4 und II,4a in Abbildung 2 auf S. 21). Sie widersprechen mehr oder weniger drastisch ihrer Rollendefinition innerhalb dessen, was im Anschluss an Greenson (1965) als Arbeitsbündnis bezeichnet wird: Der im Rahmen dieser Arbeitsbeziehung auf den Patienten bezogene Therapeut ist objektiv, vernünftig, konfliktfrei, unbefangen, triebneutral, verständnisvoll, realitätsbeflissen, seriös und an Gegenseitigkeit orientiert. Er möchte seinen Patienten nicht deren Frauen wegnehmen, zumindest würde er es ihnen nicht sagen. Der Patient ist durch das Verhalten des Therapeuten in allen drei Beispielen erstaunt, ja schockiert und vor den Kopf gestoßen.

5.2 Freie Bisoziation: Vom Haha-Effekt zum Aha-Effekt

Kreativität und Heilung

Ohne dabei Freuds Humorinterpretation zu teilen, brachte Arthur Koestler Humor in Zusammenhang mit einem charakteristischen Überraschungseffekt, dem »bisoziativen Schock« (Koestler, 1966, S. 88). Dieser entstehe durch das Erfassen einer Situation oder Idee in zwei in sich geschlossenen, aber gewöhnlich nicht miteinander zu vereinbarenden Bezugssystemen, welches dazu führe, dass die Situation für einen Moment »nicht nur mit einem Assoziationssystem verbunden, sondern mit zweien ›bisoziiert‹« sei (Koestler, 1966, S. 24 f.). Mit seiner sogenannten Bisoziationstheorie versuchte Koestler nicht primär Humor zu entschlüsseln, sondern vielmehr jegliche Form schöpferischer Akte zu verstehen. Humor ist eine davon, (wissenschaftliche) Erkenntnis eine andere. Dieser Gedanke Koestlers kann helfen, die therapeutisch relevante Verbindung von Humor und Einsicht zu klären: Der Augenblick der Bisoziation bedingt das plötzliche, ja schockartige Aufblitzen einer Erkenntnis, welche eine an sich recht vertraute Situation auf einmal in einem neuen Licht zeigt und damit den Freiraum eröffnet, eine neue Einstellung dazu zu gewinnen. In der Alltagssprache bezeichnen wir einen solchen Moment mit einem auf Bühler (1908, S. 18) zurückgehenden Begriff etwas weniger sperrig als »Aha-Erlebnis«.

Ein Beispiel für ein zum kulturellen Allgemeingut gewordenes Aha-Erlebnis ist die Entdeckung des archimedischen Prinzips:

Archimedes war von seinem König mit einer heiklen Aufgabe betraut worden, die beinhaltete, das Volumen der neuen goldenen Krone des Königs zu bestimmen. Archimedes grübelte und grübelte und fand keine Lösung, wie er das Volumen der Krone bestimmen könnte, ohne die Krone einzuschmelzen, was natürlich keine Option war. Eines Abends, des Grübelns überdrüssig, ließ er sich ein Bad ein, um sich zu entspannen. Archimedes setzte sich in die Wanne. Wasser schwappte über den Rand. Archimedes lief, so will es die Anekdote, noch nackt auf die Straße und rief verzückt: »Heureka!« – Was war passiert? Für einen Moment war das Ereignis des überschwappenden Wassers mit zwei Bezugssystemen »bisoziiert«: zum einen mit dem alltäglichen Bezugssystem der Körperhygiene und Hausarbeit (wo überschwappendes Wasser nicht glücklich macht) und zum anderen mit dem wissenschaftlichen Bezugssystem der Volumenbestimmung eines unregelmäßigen Körpers (wie es nicht nur die Krone, sondern eben auch der Körper des Archimedes war). Archimedes hatte erkannt, dass ein Körper genau so viel Wasser verdrängt, wie es seinem eigenen Volumen entspricht. Er konnte die Krone in einen randvollen Eimer mit Wasser tauchen, und das Volumen des überlaufenden Wassers entsprach jenem der Krone.

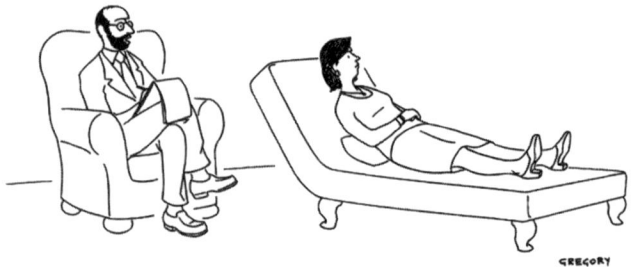

"Are you uncomfortable discussing this because I'm a man or because I'm your husband?"

Abbildung 3

Betrachten wir analog zum Aha-Moment die Struktur eines beispielhaften Haha-Moments: einen Cartoon aus dem New Yorker (siehe Abbildung 3). Falls wir diesen Cartoon lustig finden, so tun wir dies mit großer Wahrscheinlichkeit, weil das abgebildete Ereignis für einen kurzen Moment sowohl mit dem Bezugssystem »analytische Beziehung« (unser Vorverständnis aufgrund des Settings) als auch mit dem dazu nach herkömmlichem Verständnis inkompatiblen Bezugssystem »eheliche Beziehung« (unser Verständnis der Situation am Ende des Lesens der Bildunterschrift) »bisoziiert« ist.

In vielen Variationen alltäglichen Humors entsteht die Pointe und damit der Haha-Effekt dadurch, dass in einer überraschenden Wendung Bedeutungsebenen oder Ereignisse miteinander verbunden werden, die eigentlich nicht zusammengehören und gewöhnlich von uns auseinandergehalten werden (Bateson, 1953; Sacks, 1971/1992; Raskin, 1985). Auf dieser Ebene ermöglicht Bisoziation neue Verbindungen und damit Kreativität. Die psychodynamische Pointe des therapeutischen Humors ist jedoch eine andere: Der Haha-Effekt, der mit einem therapeutischen Aha-Effekt zusammenfällt, besteht nicht darin, dass etwas zusammengebracht wird, was eigentlich nicht zusammengehört und deswegen für gewöhnlich auseinandergehalten wird, sondern darin, dass etwas, was ursprünglich zusammengehörte, aber nicht zusammengehören sollte und deswegen auseinandergehalten wurde, nun *wieder* zusammengebracht wird: die zwei widersprüchlichen Seiten eines in Übertragung und Gegenübertragung auseinandergehaltenen Konflikts.

Es ist entlastend, den für das Ich unerträglichen und bedrohlichen Konfliktpol abzuwehren und dem Therapeuten ein entsprechendes Rollenangebot zu unterbreiten, welches ihm nahelegt, sich mit dem abgewehrten Pol zu identifizieren (mit Racker, 1959/1978, kann man hier von einem Angebot zu komplementärer Identifizierung in der Gegenübertragung sprechen). Das Bewusstmachen des Unbewussten als eine zentrale Aufgabe des psychodynamischen Therapieprozesses bedeutet in diesem Kontext, dass es dem Patienten gelingt, das in Übertragung und Gegenübertragung Auseinandergehaltene wieder

zusammenzubringen (Körner, 1990). In den drei Beispielvignetten lassen sich unter anderem folgende in Übertragung und Gegenübertragung aufgespaltene Konflikteinheiten erkennen:
- in Beispiel 1 das Übertragungsangebot phallisch-narzisstischer Zeigelust (»Sieh her, sieh mich als Mann, sieh, was ich habe und wie potent ich bin«) versus das Gegenübertragungsangebot der Kastrationsdrohung einhergehend mit der abgewehrten Angst vor Rivalität und davor, (etwas) zu verlieren;
- in Beispiel 2 das Übertragungsangebot des (Inzest-)Wunsches, das Verbotene zu bekommen (»Lass dich von mir verführen und erlaube mir, meine Nase in dein verbotenes Buch, auf dessen Titelseite ›Horn(e)y‹ steht, zu stecken«) versus das Gegenübertragungsangebot der (Inzest-)Verbotsschranke und der damit einhergehenden Begrenzung des Begehrens;
- in Beispiel 3 das Übertragungsangebot der Enttäuschung über den inkompetenten Analytiker (»Warum schaffst du es nicht, hilfreich für mich zu sein? Erweise dich bitte endlich als kompetent«) versus das Gegenübertragungsangebot, den fragilen Selbstwert des Patienten gerade durch die eigene Minderwertigkeit zumindest kurzfristig zu stabilisieren (»Sei minderwertig, damit ich mich in deiner Gegenwart großartig fühlen kann«).

In den mit Humor und Schlagfertigkeit vorgetragenen Interventionen gelingt es jedes Mal, die zwei beschriebenen Seiten schockartig zusammenzubringen. Beim Zusammenkommen dessen, was auseinandergehalten wurde, weil es nicht zusammengehörte, entsteht Kreativität. Beim Zusammenkommen dessen, was auseinandergehalten wurde, weil es nicht zusammenkommen sollte, obgleich es zusammengehört, entsteht Heilung.

Neurotisches Leiden resultiert nach verschiedenen psychodynamischen Vorstellungen aus der (konfliktbedingten) Auseinanderhaltung von etwas Zusammengehörigem: dadurch, dass tabuisierte Wünsche, verpönte Lebens- und Beziehungsentwürfe, als bedrohlich erlebte Affekte und unlustvolle oder das Selbstbild gefährdende

Wahrnehmungen ausgeschlossen, verdrängt, abgespalten, dissoziiert oder ihrer Symbolisierung innerhalb der sprachlichen Ordnung des Bewusstseins beraubt werden. Damit werden sie für das Subjekt unverfügbar, unsagbar, unrepräsentierbar und damit auch nicht mehr bewusst beeinflussbar. Das Subjekt verliert die Freiheit, sich zu seinen Wünschen zu verhalten: Es hat seine Wünsche nicht mehr, es wird von ihnen gehabt, es erleidet sie. Das Subjekt ist dann – im modalen Sinne des Wortes – Patient. Im Prozess einer psychodynamischen Therapie geht es um den (Rück-)Gewinn der Freiheit, sich so oder anders entscheiden zu können. Dies soll je nach verfolgtem psychoanalytischen Modell in unterschiedlicher Weise erreicht werden, wobei dem Mechanismus des Zusammenkommens über viele dieser Modelle hinweg eine zentrale Rolle zukommt: Es geht dann um die Wiederaufnahme des durch Verdrängung aus dem Bewusstsein Ausgeschlossenen, um die Integration liebevoller und hasserfüllter Phantasien und Gefühle gegenüber dem Objekt, um die Resymbolisierung des Desymbolisierten, um die (Wieder-)Verknüpfung von Sach- und Wortvorstellungen, um die Wiederaufnahme und Verdauung der qua projektive Identifikation evakuierten und einst unverdaulichen rohen Erfahrungen oder um das Zusammenkommen von Ich und Du im Prozess der gegenseitigen Anerkennung.

Gerade mit Blick auf Humor liegt hier ein möglicherweise wichtiger Unterschied zwischen psychodynamischen und nicht psychoanalytisch begründeten Therapieverfahren. Es geht nicht darum, eine Verhaltensmodifikation in Richtung auf ein bereits bereitliegendes und verbindliches Modell vom guten Leben zu erreichen, sondern einzig darum, den Freiraum zurückzugewinnen, sich autonom und eigenverantwortlich – für *oder auch gegen* das Studium, gegen *oder auch für* die Beziehung mit der schrecklich verführerischen Borderlinerin, gegen *oder auch für* das Rauchen etc. – zu entscheiden und in dieser Entscheidung zugleich die eigenen Begrenzungen und die der anderen anzuerkennen. Der Freud'sche Galgenhumor sagt lächelnd: Ich bin frei, denn ich selbst entscheide, in welchem See mit welchem Köder ich erfolglos angeln gehe.

In der psychoanalytischen Methode, dem Bezogensein des analytischen Paares in freier Assoziation und gleichschwebender Aufmerksamkeit, geht es mithin um nichts anderes, als durch das analytische Setting einen Freiraum zu schaffen, in welchem auseinandergehaltene Assoziationen wieder zusammenkommen dürfen. Die freie Assoziation wandelt sich im Humor in eine freie Bisoziation.

Ungesättigt

Freud sprach davon, dass eine Bedingung für das mit dem Aha-Erlebnis einer Erkenntnis einhergehende Lachen sei, dass die Patienten dem aufzudeckenden Unbewussten selbst bereits nahe genug gekommen seien, um es zu erfassen, wenn der Therapeut es ihnen vorführe. Es geht also darum, nicht *für* den Patienten zu arbeiten, sondern ihn in eine Position zu bringen, aus der heraus er die Arbeit selbst machen kann. Ebenso wie das Erklären der Pointe einen Witz ungenießbar macht, so ist eine exzessiv entschlüsselnde Deutung keine wirksame Deutung mehr. Ein zentrales Charakteristikum des Haha-Moments und des Aha-Moments ist: Man kann ihn nur selbst haben.

Vergleichen wir nun noch einmal die Alternativinterventionen (S. 56) mit den Originalinterventionen der Vignetten (S. 54), so sehen wir ein Doppeltes: Auf einer inhaltlichen Ebene verbalisieren die Alternativen in der Tat dieselben widersprüchlichen Übertragungs-Gegenübertragungs-Konstellationen, die durch die Originalinterventionen vorgeführt und gerade psychodynamisch ausgeführt wurden. Dabei unterscheiden sich die Alternativen von den Originalen nicht nur dadurch, dass sie uns ein Lächeln ersparen, sondern vor allem auch dadurch, dass sie der Patientin bzw. dem Patienten vergleichsweise wenig eigene Arbeit zumuten. Anders in den Originalen: Hier deutet nicht der Therapeut für den Patienten, sondern er bringt ihn durch seine Intervention vielmehr in einen *Deutungsnotstand,* den der Patient nun für sich lösen muss. Die Originalinterventionen sagen – ebenso wie die Deutung des Analytikers im Beispiel auf Seite 47 –, wie es sich für den Humor gehört: »Sieh her!«, ohne sogleich zu ergänzen, was es genau zu sehen gelte und was das Gesehene zu bedeuten habe.

Die hier illustrierte scherzende Art, auf die ernste Realität von Übertragung und Gegenübertragung zu verweisen, ist eine Weise *ungesättigten Deutens*. Ungesättigte unterscheiden sich von gesättigten Deutungen dahingehend, dass sie nicht erklären oder erläutern, dass sie sinnlich und konkret sind, dass sie mehr andeuten als ausführen, dass sie vieldeutig sind und diese Vieldeutigkeit nicht auflösen und dass sie keine dezidiert externe, kommentierende Position einnehmen und damit die Geschichte des Patienten aufgreifen und weiterentwickeln, anstatt sie zu unterbrechen (Will, 2016). Humorvoll ungesättigte Deutungen im hier beschriebenen Sinne sind durch eine beeindruckende Ökonomie gekennzeichnet. Sie sind kurz. Sie kommen lakonischer daher als Lehrbuchdeutungen und sind vor allem nicht im Jargon psychotherapeutischer Interventionen formuliert, sondern klingen eher wie Aussagen der Alltagskommunikation.

Derart kurze Aussagen kommen gar nicht erst in den Verdacht, die Absicht zu verfolgen, den deklarativen Wissensbestand des Patienten zu vermehren; sie sind eine Einladung zum Spiel. In der Technik ungesättigten Deutens geht es weniger darum, etwas zu entschlüsseln und festzuschreiben, als darum, etwas zu evozieren, etwas in Gang zu setzen. Phillips (1988, S. 143) formuliert dies so: »A good interpretation [...] is something the patient can entertain in his mind. It is not a password.« Und von Lacan stammt der sehr schöne Satz, dass es nicht Aufgabe der analytischen Deutung sei, verstanden zu werden, sondern Wellen zu schlagen (»produire des vagues«, Lacan, 1976, S. 35). Unter Rückgriff auf das Vokabular der klassischen Psychoanalyse schließt Will (2016), dass es im ungesättigten Deuten darum gehe, das Material zum Fließen zu bringen. Fließen, Wellen schlagen – erinnern wir uns an die ursprüngliche alltagssprachliche Bedeutung des Wortes Humor (siehe S. 18): Lateinisch *ūmor,* griechisch *chymós* hieß nichts anderes als Flüssigkeit. So kann das Ziel psychodynamischer Therapie auch in der Sprache einer Humoralpsychologie formuliert werden: Es geht darum, rigide, verfestigte und erstarrte Strukturen zu verflüssigen (Rugenstein, 2014).

5.3 Therapeutische Techniken: Humor als Intervention

Aus dem bislang Dargestellten ist sicher deutlich geworden, dass es mit einer humoristischen, auf Schlagfertigkeit, Spiellust und Spontaneität gegründeten Haltung tendenziell eher wenig vereinbar ist, vorformulierte »Humortechniken« zu systematisieren oder Witze aus einer Liste je nach Patientenanliegen zu applizieren. Es lassen sich jedoch auf Interventionsebene konkrete Empfehlungen geben, die als kreative Anregungen zu verstehen sind:

Mach's wie ein Kind: Sag, was du siehst. Sei neugierig. Sei unwissend. Sei direkt. – Zur Etablierung des Spielrahmens sind Kinder durchaus gute Modelle. Es hilft, sich an deren Unbefangenheit zu orientieren, wenn es darum geht, einfach das Offensichtliche zu konstatieren.

Begeistere dich fürs Symptom: Vertritt die negative Seite der Ambivalenz des Patienten. Versuche nicht hektisch, Dinge anders oder besser machen zu müssen. Sei der Advocatus Diaboli. Es kann etwas durchaus Befreiendes – für Therapeut und Patient – haben, wenn sich ein Therapeut nicht unbewusst mit einem druckvoll vom Patienten vorgetragenen Veränderungsanliegen identifiziert. Es gibt in der Regel gute Gründe, warum jemand so ist, wie er ist, so lebt, wie er lebt, und liebt, wen er liebt. Eine neugierige Haltung wird erleichtert, wenn es gelingt, hastige Versuche, etwas zu ändern (das Studium zu beenden, sich aus der Kollusion zu befreien, Nichtraucher zu werden), zunächst einmal zu suspendieren.

Sei maßlos: Spitze deine Formulierungen zu, untertreibe, übertreibe. Spiele mit dem Kontrast zwischen der Wirklichkeit des Lebens und unseren viel zu kleinen oder viel zu großen neurotischen Wünschen und Ängsten. In einen anderen Kontext transferiert und überhöht, werden bestimmte Muster manchmal leichter deutlich als in jenem Kontext, in dem man sich in sie verstrickt hat.

Sprich verschiedene Sprachen: Die Empfehlung, die Sprache des Patienten zu sprechen, ist allgegenwärtig. Verwende Bilder! Sprich die Sinne an. Sprich nicht nur die Sprache der Wissenschaft und die Therapeutensprache, sondern auch die der Straße, der Umkleideräume, der Toiletten und Schlafzimmer. Achte auf und verwende Körpersprache.

Timing: Mit dem Begriff »Takt« bezeichnete Freud die mit Einfühlungsvermögen verbundene Kunstfertigkeit des Therapeuten, für eine Deutung – oder für ein Schweigen – die richtige Form und den rechten Zeitpunkt zu wählen. Takt ist ein zentraler Begriff der psychoanalytischen Behandlungstechnik und dient als Mittel der Deutungskunst und der Beziehungsregulation. In der Komik wird nicht von Takt, sondern von Timing gesprochen. Neben dem Beherrschen von Rhythmus, Intonation und Sprechtempo ist insbesondere die heikle Kunst der gut gesetzten Pause ein entscheidendes Element des Timings. Dies gilt ebenso für eine wirksame Deutung wie für eine funktionierende Pointe.

6 Mit Humor lernen: Psychodynamische Ausbildung und Supervision

Es liegt nahe, abschließend darauf hinzuweisen, dass die bislang unter therapeutischer Perspektive herausgearbeiteten Strukturen auch für das Erlernen des Therapeutenhandwerks eine gewisse Bedeutung haben. Damit möchte ich weniger auf ambitionierte Versuche verweisen, Humor selbst lernbar zu machen (vgl. Salameh, 1995; McGhee, 2016), sondern vielmehr darauf, dass Humor nicht nur heilen, sondern auch lernen hilft.

Eine zentrale Herausforderung der (psychodynamischen) Therapieausbildung besteht für Kandidatinnen und Kandidaten darin, einen inneren Bezugsrahmen loszulassen, in welchem es primär darum geht, sogenannte »Fehler« zu vermeiden. Die häufig zu hörende bloße Mitteilung, es gehe hier ja nicht um richtig oder falsch, ist für diesen Prozess ungefähr so hilfreich, wie jemandem in einer Stresssituation zu sagen, er solle sich doch erst mal entspannen.

In einem primär von Angst beherrschten und von Vermeidungszielen strukturierten Raum ist keine Neugier möglich und damit auch kein Lernen und kein Wachstum. Angst und das Motiv, angebliche Fehler zu vermeiden, verweisen uns darauf, dass hier das Über-Ich am Werke zu sein scheint, was meint: das gestrenge Über-Ich. Wenn Humor diesem ein liebevoll-mütterliches Über-Ich an die Seite stellt, dann kann dies ein wichtiges Korrektiv auf dem Weg zu einer Einklammerung des dichotomen Denkens in den vergleichsweise humorlosen Kategorien »richtig« und »falsch« sein. Sich Freuds Spitzbuben zum Vorbild nehmend führt Humor eine unverkennbare *Fehlerfreude* in den Lernprozess ein. Diese legt den Lernenden nahe, nicht defensiv zu fürchten: »Hoffentlich habe ich es heute richtig gemacht«, sondern sich vielmehr expansiv-neugierig zu fragen: »Auf welche einzigartige, interessante und lehrreiche Weise habe ich es wohl heute falsch gemacht?«

Expansives Lernen führt zu einer Erweiterung des eigenen Möglichkeitsraumes und erscheint damit als ein überdenkenswertes Gegenmodell zu jener resultatfixierten Leistungsbereitschaft, welcher es vor allem um die Abrechenbarkeit von Lernerfolgen bei den jeweiligen (gestrengen) Kontrollinstanzen geht (Holzkamp, 1993).

Ein Wechsel vom defensiven, fehlervermeidenden zum expansiven, fehlerfreudigen Lernen wird umso leichter, wenn es im Rahmen von Ausbildung und Supervision gelingt, den für Humor charakteristischen Spielrahmen zu etablieren: Es geht um spielerisches Ausprobierendürfen und darum, eine Art des Spielens zu finden, welche den Ernst dessen, was (nach-)gespielt wird, nämlich menschliches Leiden, nicht verleugnen muss, um spielen zu können. Die Verwendung von Rollenspielen in Seminaren und Supervisionen hat genau auf diesem Grat zu balancieren: Es geht weder um eine schnelle Pflichtübung (»probieren Sie mal selbst, dann zeige ich Ihnen, wie es richtig geht«) noch darum, Patienten unterhaltsam zu karikieren. Es geht darum, sich spielerisch mit seinen eigenen Reaktionsmustern auf bestimmte Beziehungsangebote von Patientinnen und Patienten vertraut zu machen und Reaktionsweisen erproben zu können. Humor hilft dabei auch im Ausbildungs- und Supervisionskontext, die für fehlerfreudiges Experimentieren notwendige pädagogische und supervisorische Allianz zu etablieren.

7 Zusammenfassung: Zehn Prinzipien für die Nutzung von Humor in der psychodynamischen Therapie

1. **Nimm dich nicht zu ernst in deiner Rolle:** Befreie dich ein klein wenig von deinem therapeutischen Narzissmus, von deinen inneren Objekten und deinen Vorbildern. Erlaube dir, von deinem Weltbild abzuweichen. Sei neugierig auf deine »Fehler«.

2. **Gehe in Kontakt:** Beziehung, Rapport und therapeutische Allianz sind die Grundlage, auf der Humor seine therapeutische Wirkung entfalten kann. Scherze mit Sympathie und Empathie.

3. **Traue dich, deinen Patienten etwas zuzumuten:** Sei ressourcenorientiert: Deine Patienten sind weniger zerbrechlich, als du denkst. Scherze mit Konfrontationsbereitschaft.

4. **Schaffe einen Spielraum:** Sieh den Ernst der analytischen Situation unter der Perspektive »Kinderspiel«. Etabliere eine Atmosphäre der Akzeptanz für das Infantile, Lächerliche und Un-Sinnige.

5. **Gleichschwebende Schlagfertigkeit:** Mache keine Witze, habe Witz. Kultiviere deine Reaktionsbereitschaft zur Rollenübernahme.

6. **Freie Bisoziation:** Sei offen für neue und überraschende Verbindungen, für die Mehrdeutigkeiten jeglicher Mitteilung in verschiedenen Bezugssystemen. Sei empfänglich für die Ironie des Unbewussten.

7. **Scherze nicht über etwas hinweg, scherze auf etwas hin:** Das Leiden, die Widersprüche, Paradoxien, Ungereimtheiten und Konflikte des Lebens, auf welche im Humor gezeigt wird, sind ernst. Die Weise des Zeigens ist scherzend. Scherze mit Ernst.

8. **Übertragung – Gegenübertragung:** Therapeutisch hilfreicher Humor nähert sich einer Übertragungsdeutung an, indem er die Einheit und den Widerspruch von Übertragung und Gegenübertragung zur Geltung bringt. Scherze auf die Übertragung hin.

9. **Erkläre keine Pointen:** Mache deine Patienten nicht satt, sondern hungrig. Löse nichts »für« sie. Expliziere nicht, entschlüssele nicht, lege nicht fest. Selber-Machen ist notwendige Voraussetzung fürs Haha- und fürs Aha-Erleben.

10. **Timing, Timing, Timing.**

Literatur

Adler, A. (1927). Zusammenhänge zwischen Neurose und Witz. Internationale Zeitschrift für Individualpsychologie, 5, 94–96.
Arbeitskreis OPD (Hrsg.) (2006). Operationalisierte Psychodynamische Diagnostik OPD-2. Das Manual für Diagnostik und Therapieplanung. Bern: Huber.
Bader, M. J. (1993). The analyst's use of humor. Psychoanalytic Quaterly, 12, 23–51.
Baker, R. (1999). The delicate balance between the use and abuse of humor in the psychoanalytic setting. In J. W. Barron (Ed.), Humor and psyche. Psychoanalytic perspectives (pp. 109–130). Hillsdale: The Analytic Press.
Bateson, G. (1953). The position of humor in human communication. In H. v. Foerster (Ed.), Cybernetics. Transactions of the Ninth Conference 1952: Circular causal and feedback mechanisms in biological and social systems (pp. 1–47). New York: Macy Foundation.
Bergmann, M. S. (1999). The psychoanalysis of humor and humor in psychoanalysis. In J. W. Barron (Ed.), Humor and psyche. Psychoanalytic perspectives (pp. 11–30). Hillsdale: The Analytic Press.
Bernfeld, S. (1981). Freuds wissenschaftliche Anfänge. In S. Bernfeld, S. Cassirer Bernfeld, Bausteine der Freud-Biographik (S. 112–137). Frankfurt a. M.: Suhrkamp.
Bierbaum, O. J. (1909). Die Yankeedoodle-Fahrt und andere Reisegeschichten. München: Müller.
Bollas, C. (1995/2011). Cracking up. In: The Christopher Bollas reader (pp. 135–154). London: Routledge.
Bordin, E. S. (1979). The generalizability of the psychoanalytic concept of the working alliance. Psychotherapy, 16, 252–260.
Born, M. A., Rugenstein, K. (2018). Hindernisse einer Lektüre von Freuds »Die endliche und die unendliche Analyse«. In M. A. Born, C. Zittel (Hrsg.), Literarische Denkformen (S. 171–198). Paderborn: Fink.

Buchkremer, G., Buchkremer, S. (2016). Humor in der Verhaltenstherapie. In B. Wild (Hrsg.), Humor in Psychiatrie und Psychotherapie. Neurobiologie – Methoden – Praxis (S. 145–158). Stuttgart: Schattauer.

Bühler, K. (1908). Tatsachen und Probleme zu einer Psychologie der Denkvorgänge. II: Über Gedankenzusammenhänge. Archiv für Psychologie, 12, 1–23.

Carrell, A. (2008). Historical views of humor. In V. Raskin (Ed.), The primer of humor research (pp. 303–332). Berlin: De Gruyter.

Chasseguet-Smirgel, J. (1988). The triumph of humor. In H. Blum, Y. Kramer, A. K. Richards, A. D. Richards (Eds.), Fantasy, myth, and reality: Essays in honor of Jacob A. Arlow (pp. 197–213). Madison: International Universities Press.

Corcoran, R., Cahill, C., Frith, C. (1997). The appreciation of visual jokes in people with schizophrenia: A study of mentalizing ability. Schizophrenia Research, 24, 319–327.

Cremerius, J. (1979/1984). Gibt es zwei psychoanalytische Techniken? In J. Cremerius, Vom Handwerk des Psychoanalytikers. Das Werkzeug der psychoanalytischen Technik (S. 187–209). Stuttgart: Frommann-Holzboog.

Cremerius, J. (1981/1984). Freud bei der Arbeit über die Schulter geschaut. Seine Technik im Spiegel seiner Schüler und Patienten. In J. Cremerius, Vom Handwerk des Psychoanalytikers. Das Werkzeug der psychoanalytischen Technik (S. 326–363). Stuttgart: Frommann-Holzboog.

Csíkszentmihályi, M. (1990). Flow. The psychology of optimal experience. New York: Harper and Row.

Duden – Deutsches Universalwörterbuch: Das umfassende Bedeutungswörterbuch der deutschen Gegenwartssprache (2011) (7. Aufl.). Mannheim: Dudenverlag.

Fabian, E. (2015). Humor als Ressource. In E. Fabian, Humor und seine Bedeutung für die Psychotherapie (S. 105–116). Gießen: Psychosozial-Verlag.

Farrelly, F., Brandsma, J. M. (1974). Provocative therapy. Fort Collins: Shields.

Fenichel, O. (1936/2001). Probleme der psychoanalytischen Technik. Gießen: Psychosozial-Verlag.

Ferenczi, S. (1922). Die Psychoanalyse des Witzes und des Komischen. In S. Ferenczi, Populäre Vorträge und Aufsätze (S. 89–102). Leipzig: Internationaler Psychoanalytischer Verlag.

Frank, K. (1986). Die Abstinenz und die Freiheit des Analytikers. Gruppenpsychotherapie und Gruppendynamik, 21, 181–193.

Freud, S. (1893f). Charcot †. GW I (S. 21–35). London: Imago.

Freud, S. (1895d). Studien über Hysterie. GW I (S. 75–312). London: Imago.
Freud, S. (1905c). Der Witz und seine Beziehung zum Unbewußten. GW VI. London: Imago.
Freud, S. (1908e). Der Dichter und das Phantasieren. GW VII (S. 213–223). London: Imago.
Freud, S. (1912b). Zur Dynamik der Übertragung. GW VIII (S. 364–374). London: Imago.
Freud, S. (1912e). Ratschläge für den Arzt bei der psychoanalytischen Behandlung. GW VIII (S. 376–387). London: Imago.
Freud, S. (1917a). Eine Schwierigkeit der Psychoanalyse. GW XII (S. 3–12). London: Imago.
Freud, S. (1920g). Jenseits des Lustprinzips. GW XIII (S. 1–69). London: Imago.
Freud, S. (1921c). Massenpsychologie und Ich-Analyse. GW XIII (S. 71–161). London: Imago.
Freud, S. (1923b). Das Ich und das Es. GW XIII (S. 237–289). London: Imago.
Freud, S. (1927d). Der Humor. GW XIV (S. 383–389). London: Imago.
Freud, S. (1930a). Das Unbehagen in der Kultur. GW XIV (S. 419–506). London: Imago.
Freud, S. (1933a). Neue Folge der Vorlesungen zur Einführung in die Psychoanalyse. GW XV. London: Imago.
Freud, S. (1940a). Abriß der Psychoanalyse. GW XVII (S. 63–138). London: Imago.
Freud, S. (1985c). Briefe an Wilhelm Fließ 1887–1904. Frankfurt a. M.: Fischer.
Frings, W. (1996). Humor in der Psychoanalyse. Eine Einführung in die Möglichkeiten humorvoller Intervention. Stuttgart: Kohlhammer.
Fry, W. F., Salameh, W. A. (Eds.) (1987). Handbook of humor and psychotherapy. Advances in the clinical use of humor. Sarasota: Professional Resource Exchange.
Fry, W. F., Salameh, W. A. (Eds.) (1993). Advances in humor and psychotherapy. Sarasota: Professional Resource Press.
Greenson, R. R. (1965). The working alliance and the transference neurosis. Psychoanalytic Quarterly, 34, 155–181.
Greenson, R. R. (1973). Technik und Praxis der Psychoanalyse. Stuttgart: Klett.
Grimm, J., Grimm, W. (1852 ff./1984). Deutsches Wörterbuch. München: Deutscher Taschenbuch Verlag.
Grotjahn, M. (1974). Vom Sinn des Lachens. München: Kindler.

Hecker, A. F. (1805). Kunst, die Krankheiten der Menschen zu heilen. Nach den neuesten Verbesserungen in der Arzeneiwissenschaft. Zweiter Theil. Ausschlagfieber. Hektische und phthisische Fieber. Chronische Krankheiten. Erfurt: Henning.

Hippokrates (1975). Hippocratis De natura hominis. Corpus medicorum graecorum I 1,3. Hrsg., übers. und kommentiert von J. Jouanna. Berlin: Akademie Verlag.

Holzkamp, K. (1993). Lernen. Subjektwissenschaftliche Grundlegung. Frankfurt a. M.: Campus.

Horvath, A. O., Del Re, A. C., Flückiger, C., Symonds, D. (2011). Alliance in individual psychotherapy. Psychotherapy, 48, 9–16.

Isaacs, S. (1939). Criteria for interpretation. International Journal of Psycho-Analysis, 20, 148–160.

Kameniak, J.-P. (2005). Humor. In A. de Mijolla (Ed.), International dictionary of psychoanalysis (pp. 762–763). Detroit: Thomson Gale.

Keith-Spiegel, P. (1972). Early conceptions of humor: Varieties and issues. In J. H. Goldstein, P. E. McGhee (Eds.), The psychology of humor (pp. 4–39). New York: Academic Press.

Koestler, A. (1966). Der göttliche Funke. Der schöpferische Akt in Kunst und Wissenschaft. Bern: Scherz.

Kohut, H. (1966/1975). Formen und Umformungen des Narzißmus. In H. Kohut, Die Zukunft der Psychoanalyse. Aufsätze zu allgemeinen Themen und zur Psychologie des Selbst (S. 140–172). Frankfurt a. M.: Suhrkamp.

Kohut, H. (1979). Die Heilung des Selbst. Frankfurt a. M.: Suhrkamp.

Körner, J. (1989). Arbeit an der Übertragung? Arbeit in der Übertragung! Forum der Psychoanalyse, 5, 209–223.

Körner, J. (1990). Übertragung und Gegenübertragung, eine Einheit im Widerspruch. Forum der Psychoanalyse, 6, 87–104.

Körner, J. (2015). Psychotherapeutische Kompetenzen. Ein Praxismodell zu Kompetenzprofilen in der Aus- und Weiterbildung. Wiesbaden: Springer.

Kraepelin, E. (1885). Zur Psychologie des Komischen. In W. Wundt (Hrsg.), Philosophische Studien. Zweiter Band (S. 128–160, 327–361). Leipzig: Engelmann.

Kris, E. (1934). Zur Psychologie der Karikatur. Imago, 20, 450–466.

Kubie, L. S. (1971). The destructive potential of humor in psychotherapy. American Journal of Psychiatry, 127, 861–866.

Lacan, J. (1976). Conférences et entretiens dans des universités nord-américaines. Scilicet, 6/7, 5–63.

Lachmann, F. M. (2008). Transforming narcissism. Reflections on empathy, humor, and expectations. New York: Analytic Press.

Laplanche, J. (2004). Die rätselhaften Botschaften des Anderen und ihre Konsequenzen für den Begriff des »Unbewußten« im Rahmen der Allgemeinen Verführungstheorie. Psyche – Zeitschrift für Psychoanalyse und ihre Anwendungen, 58, 898–913.

Laplanche, J., Pontalis, J.-B. (1972). Das Vokabular der Psychoanalyse. Frankfurt a. M.: Suhrkamp.

Lavater, J. C. (1778). Physiognomische Fragmente, zur Beförderung der Menschenkenntniß und Menschenliebe, Bd. 4. Leipzig: Weidmann und Reich.

Lazarus, M. (1856). Der Humor als psychologisches Phänomen. In M. Lazarus, Das Leben der Seele in Monographien über seine Erscheinungen und Gesetze. Erster Band (S. 179–253). Berlin: Schindler.

Liebermann, E. J. (1997). Otto Rank. Leben und Werk. Gießen: Psychosozial-Verlag.

Lipps, T. (1898). Komik und Humor. Eine psychologisch-ästhetische Untersuchung. Hamburg: Voss.

Martin, R. A. (2008). Humor and health. In V. Raskin (Ed.), The primer of humor research (pp. 479–522). Berlin: De Gruyter.

McGhee, P. E. (2016). Humor als Copingstrategie. Das 7-Humor-Habits-Trainingsprogramm (7HHP). In B. Wild (Hrsg.), Humor in Psychiatrie und Psychotherapie. Neurobiologie – Methoden – Praxis (S. 208–228). Stuttgart: Schattauer.

Meissner, W. W. (1999). Humor is a funny thing: Dimensions of the therapeutic relationship. In J. W. Barron (Ed.), Humor and psyche. Psychoanalytic perspectives. Hillsdale: The Analytic Press.

Mindess, H., Miller, C., Turek, J., Bender, A., Corbin, S. (1985). The Antioch humor test: Making sense of humor. New York: Avon.

Money-Kyrle, R. E. (1968). Cognitive development. International Journal of Psycho-Analysis, 49, 691–698.

Mosak, H. M. (1987). Ha Ha and Aha. The role of humor in psychotherapy. Muncie: Accelerated Development.

Munder, T., Rugenstein, K., Gumz, A. (2018). Ressourcenorientierung in der psychodynamischen Therapie. Psychotherapeut. doi: 10.1007/s00278-017-0264-y.

Nunberg, H., Federn, E. (Hrsg.) (1981). Protokolle der Wiener Psychoanalytischen Vereinigung. Bd. I–IV. Frankfurt a. M.: Fischer.

Phillips, A. (1988). Winnicott. London: Fontana.

Poland, W. (1971). The place of humor in psychotherapy. American Journal of Psychiatry, 128, 127–129.

Poland, W. S. (1990). The gift of laughter: On the development of a sense of humor in clinical analysis. Psychoanalytic Quarterly, 59, 197–225.

Racker, H. (1959/1978). Übertragung und Gegenübertragung. Studien zur psychoanalytischen Technik. München: Reinhardt.

Rank, O. (1924). Das Trauma der Geburt und seine Bedeutung für die Psychoanalyse. Leipzig: Internationaler Psychoanalytischer Verlag.

Raskin, V. (1985). Semantic mechanisms of humor. Dordrecht: Reidel.

Raskin, V. (Ed.) (2008). The primer of humor research. Berlin: De Gruyter.

Räwel, J. (2005). Humor als Kommunikationsmedium. Konstanz: UVK.

Reik, T. (1929). Lust und Leid im Witz. Sechs psychoanalytische Studien. Wien: Internationaler Psychoanalytischer Verlag.

Rieß, P. (1983). Vorstudien zu einer Theorie der Fußnote. Berlin: De Gruyter.

Roeckelein, J. E. (2002). The psychology of humor. Westport: Greenwood Press.

Rose, G. J. (1969). King Lear and the use of humor in treatment. Journal of the American Psychoanalytic Association, 17, 927–940.

Ruch, W. (1983). 3WD. Form A, Form B, Instruktionen (Universität Düsseldorf, unveröffentlichtes Manuskript).

Ruch, W. (Ed.) (1998). The sense of humor. Explorations of a personality characteristic. Berlin: De Gruyter.

Ruch, W. (2008). Psychology of humor. In V. Raskin (Ed.), The primer of humor research (pp. 17–100). Berlin: De Gruyter.

Ruch, W. (2016). Humor und Charakter. In B. Wild (Hrsg.), Humor in Psychiatrie und Psychotherapie. Neurobiologie – Methoden – Praxis (S. 8–31). Stuttgart: Schattauer.

Rugenstein, K. (2014). Humor. Die Verflüssigung des Subjekts bei Hippokrates, Jean Paul, Kierkegaard und Freud. Paderborn: Fink.

Rugenstein, K. (2015). Negative Therapeutik. Von der Tugend des Nicht-Wissens. In C. Wulf, J. Zirfass (Hrsg.), Unsicherheit (S. 128–138). Berlin: De Gruyter.

Rutter, J. (1998). Laughingly referred to: An interdisciplinary bibliography of published work in the field of humour studies and research. Salford: Institute for Social Research, University of Salford.

Sacks, H. (1971/1992). The dirty joke as a technical object. In: Lectures on Conversation (Vol. 2, pp. 470–494). Oxford: Blackwell.

Safran, J. D., Muran, J. C. (2000). Negotiating the therapeutic alliance. New York: Guilford.

Salameh, W. A. (1983). Humor in psychotherapy: Past outlooks, present status, and future frontiers. In P. E. McGhee, J. H. Goldstein (Eds.), Handbook of humor research. Applied Studies (Vol. II, pp. 61–88). New York: Springer.

Salameh, W. A. (1995). Humor Immersion Training. In M. Titze, Die heilende Kraft des Lachens. Mit Therapeutischem Humor frühe Beschämungen heilen (S. 327–355). München: Kösel.
Sandler, J. (1976). Gegenübertragung und Bereitschaft zur Rollenübernahme. Psyche – Zeitschrift für Psychoanalyse und ihre Anwendungen, 30, 297–305.
Schafer, R. (1960). The loving and beloved superego in Freud's structural theory. The Psychoanalytic Study of the Child, 15, 163–188.
Schütz, K.-O. (1957). Geschichte des Wortes Humor und Entstehung des Humorbegriffs (England – Deutschland). Unveröffentlichte Dissertation, Rheinische Friedrich-Wilhelms-Universität, Bonn.
Sophokles (1966). Tragödien und Fragmente. Hrsg. und übers. von W. Willige. München: Heimeran.
Soulé, M. (1992). Die Mutter, die genug strickt. Zeitschrift für psychoanalytische Theorie und Praxis, 18, 51–60.
Stern, D. N. (2004). The present moment in psychotherapy and everyday life. New York: Norton.
Strotzka, H. (1957). Versuch über den Humor. Psyche – Zeitschrift für Psychoanalyse und ihre Anwendungen, 10, 597–609.
Titze, M., Eschenröder, C. T. (1998). Therapeutischer Humor. Grundlagen und Anwendungen. Frankfurt a. M.: Fischer.
Tuckett, D. (2005). Does anything go? Towards a framework for the more transparent assessment of psychoanalytic competence. International Journal of Psychoanalysis, 86, 31–49.
Ventis, W. L. (1987). Humor and laughter in behavior therapy. In W. F. Fry, W. A. Salameh (Eds.), Handbook of humor and psychotherapy. Advances in the clinical use of humor (pp. 149–170). Sarasota: Professional Resource Exchange.
Wampold, B. E., Imel, Z. E. (2015). The great psychotherapy debate. The evidence for what makes psychotherapy work (2nd ed.). New York: Routledge.
Wild, B. (Hrsg.) (2016). Humor in Psychiatrie und Psychotherapie. Neurobiologie – Methoden – Praxis. Stuttgart: Schattauer.
Will, H. (2010). Psychoanalytische Kompetenzen. Standards und Ziele für die psychotherapeutische Ausbildung und Praxis (2. Aufl.). Stuttgart: Kohlhammer.
Will, H. (2016). Ungesättigte und gesättigte Deutungen. Psyche – Zeitschrift für Psychoanalyse und ihre Anwendungen, 70, 2–23.
Winnicott, D. W. (1958/1974). Kinderanalyse in der Latenzperiode. In D. W. Winnicott, Reifungsprozesse und fördernde Umwelt (S. 148–159). München: Kindler.

Winterstein, A. (1932). Beiträge zum Problem des Humors. Psychoanalytische Bewegung, 4, 513–525.

Zwerling, I. (1955). The favorite joke in diagnostic and therapeutic interviewing. Psychoanalytic Quarterly, 24, 104–114.

PSYCHODYNAMIK KOMPAKT

Hansruedi Ambühl: **Zwangsstörungen – Integration psychodynamischer und kognitiv-verhaltenstherapeutischer Perspektiven**
ISBN 978-3-525-40607-6

Maria Belz / Ibrahim Özkan: **Psychotherapeutische Arbeit mit Migranten und Flüchtlingen**
ISBN 978-3-525-40578-9

Stephan Bender: **Einführung in die Schematherapie aus psychodynamischer Sicht**
Eine integrative, schulenübergreifende Konzeption. ISBN 978-3-525-40574-1

Cord Benecke: **Psychodynamische Therapien und Verhaltenstherapie im Vergleich: Zentrale Konzepte und Wirkprinzipien**
ISBN 978-3-525-40568-0

Gitta Binder-Klinsing: **Psychodynamische Supervision**
ISBN 978-3-525-40558-1

Anna Buchheim: **Bindungsforschung und psychodynamische Psychotherapie**. ISBN 978-3-525-40612-0

Stephan Doering: **Übertragungsfokussierte Psychotherapie (TFP)**
ISBN 978-3-525-40569-7

Peter Geißler: **Psychodynamische Körperpsychotherapie**
ISBN 978-3-525-40605-2

Günter Gödde: **Mit dem Unbewussten arbeiten**. ISBN 978-3-525-45196-0

Hans-Peter Hartmann: **Narzissmus und narzisstische Persönlichkeitsstörungen**
ISBN 978-3-525-40611-3

Helmwart Hierdeis: **Traum und Traumverständnis in der Psychoanalyse**
ISBN 978-3-525-40606-9

Holger Kirsch / Annemarie Bauer: **Psychodynamische Perspektiven in der Sozialen Arbeit**
ISBN 978-3-525-40600-7

Jürgen Körner: **Psychodynamische Interventionsmethoden**
ISBN 978-3-525-40561-1

Gerd Lehmkuhl / Ulrike Lehmkuhl: **Kunst als Medium psychodynamischer Therapie mit Jugendlichen**
ISBN 978-3-525-40575-8

Marianne Leuzinger-Bohleber: **Chronische Depression, Trauma und Embodiment**
Eine transgenerative Perspektive in psychoanalytischen Behandlungen
ISBN 978-3-525-40610-6

 Vandenhoeck & Ruprecht Verlage

PSYCHODYNAMIK KOMPAKT

Christiane Ludwig-Körner: **Eltern-Säuglings-Kleinkind-Psychotherapie**
ISBN 978-3-525-40560-4

Meinolf Peters: **Psychodynamische Psychotherapie mit Älteren**
ISBN 978-3-525-40595-6

Luise Reddemann: **Mitgefühl, Trauma und Achtsamkeit in psychodynamischen Therapien**
ISBN 978-3-525-40556-7

Franz Resch: **Selbstverletzung als Selbstfürsorge-** Zur Psychodynamik selbstschädigenden Verhaltens bei Jugendlichen. ISBN 978-3-525-40608-3

Gerd Rudolf: **Psychotherapeutische Identität.** ISBN 978-3-525-40572-7

Renate Schepker: **Kultursensible Psychotherapie mit Kindern und Jugendlichen.** ISBN 978-3-525-40598-7

Benno G. Schimmelmann: **Medikamente geben oder geben lassen**
Psychotherapie und Psychopharmakotherapie bei Kindern und Jugendlichen und ihre Wechselwirkungen
ISBN 978-3-525-40601-4

Inge Seiffge-Krenke: **Widerstand, Abwehr und Bewältigung**
ISBN 978-3-525-40579-6

Inge Seiffge-Krenke / Fatima Cinkaya: **Behandlungsabbrüche: Therapeutische Konsequenzen einer Metaanalyse.** ISBN 978-3-525-40580-2

Kathrin Sevecke / Maya Krischer: **Jugendliche Persönlichkeitsstörungen im psychodynamischen Diskurs**
ISBN 978-3-525-40559-8

Hermann Staats: **Die therapeutische Beziehung – Spielarten und verwandte Konzepte**
ISBN 978-3-525-40599-4

Christiane Steinert / Falk Leichsenring: **Psychodynamische Psychotherapie in Zeiten evidenzbasierter Medizin**
Bambi ist gesund und munter
ISBN 978-3-525-40573-4

Svenja Taubner / Jana Volkert: **Mentalisierungsbasierte Therapie für Adoleszente (MBT-A)**
ISBN 978-3-525-40576-5

Martin Teising: **Selbstbestimmung zwischen Wunsch und Illusion**
Eine psychoanalytische Sicht
ISBN 978-3-525-40577-2

Silke Wiegand-Grefe: **Psychodynamische Intervention in Familien mit chronischer Krankheit**
ISBN 978-3-525-40557-4

V&R Vandenhoeck & Ruprecht Verlage